덜미, 사건플러스

덜미,

사건플러스

직접증거 없는 사건들

—— 한국일보 사회부 지음

NO SUCH THING AS A
PERFECT CRIME

북콤마

일러두기

1. 사건에 등장하는 범인과 피해자, 증인, 주변 인물의 이름은 언론 등에 익히 알려진 경우엔 성씨 정도를 밝혔다. 경찰 신상정보공개심의위원회의 신상 공개 결정이 나온 경우에는 피의자 및 범죄자의 실명을 적시했다. 사건과 관련된 수사관과 검사, 변호사 등은 모두 실명을 적었다.

2. 사건에 나오는 인물의 나이는 사건 당시의 나이이다.

한국일보 사회부에서 만든 〈덜미, 사건플러스〉는 우리 사회에 정의로운 공분을 일으킨 사건을 냉철한 기자의 눈으로 재해석했다. 저자들은 가해자의 시선을 넘어 피해자의 시선에서 사건을 바라보고, 그 사건을 다시 기자의 시선에서 예리하게 분석했다. 가해자의 범죄 수법→사건을 담당한 경찰·검찰의 수사 방향과 재판 결과→취재 기자의 통찰이 논리정연하게 담겨 있다.

책을 읽다 보면 취재 기자만이 볼 수 있는 '끝났지만 끝난 것 같지 않은 사건들'의 내막이 보인다. 이를 통해 흉악 범죄를 막기 위해 우리가 무엇을 해야 하는지, 피해자를 보호하려면 어떤 방향으로 나아가야 하는지 정확히 말하고 있다.

매일 수많은 강력 사건을 접하고, 그 사건의 원인을 분석하고, 범죄를 예방하고 진압하는 형사 정책을 연구하는 입장에서도 이

책에는 참고할 내용이 많았다. 현장이 아니라 기록을 통해 사건의 전말을 확인하다 보면 '뭔가 중요한 부분을 빠뜨리고 있다'는 불안감을 지울 수 없다. 그렇다고 모든 사건 현장을 따라다니며 일일이 사실관계를 확인할 수도 없는 노릇이다. 취재 기자의 생생한 경험을 있는 그대로 담은 이 책은 기록의 한계를 극복하는 데 도움이 됐다. 그래서 개인적으로도 매우 의미 있는 책이라고 말할 수 있다.

범죄를 진압하는 형사 정책은 큰 길이 보이지만, 범죄 예방 정책은 만만치 않은 분야다. 가해자 필벌을 넘어 피해자 보호 정책이 동반돼야 하기 때문이다. 특히 현재 발생하고 있는 범죄는 평범한 국민들이 피해자라는 점에서, 피해자 입장에서 피해자 보호를 위한 형사 정책이 더욱 필요하다.

〈덜미, 사건플러스〉는 가해자의 시선을 넘어 피해자의 고통과 입장을 담고 있어 너무 시의적절하고 현 시점에서 꼭 참고할 만한 책이다. 이 책에서는 22개 사건을 다루고 있으며 각 사건에는 전체적인 성격을 알 수 있는 부제가 달려 있다. 본문에선 잔인하고 충격적인 사건이 발생한 이유와 가장 문제가 된 쟁점을 알기 쉽게 정리했다.

사회적 공분을 일으킨 사건의 내막을 알고 싶은 분들에게 이 책을 권한다. 특히 로스쿨을 준비 중인 대학생, 형사사건을 공부하고 있는 대학원생, 그리고 경찰학과 관련 대학생에게는 많은 도움이 될 것이다.

저자들이 현장의 생생한 경험이 녹아 있는 살아 있는 사건 기록
을 세상에 계속 알려주기를 희망한다.

_승재현 한국형사법무정책연구원 선임연구위원

우리는 사건이 발생하면 그 사건의 건조한 요약본을 기사라는
형식을 통해 접한다. 요약본은 사건의 줄거리를 압축적으로 알려
주는 장점이 있지만, 때로는 너무 건조하고 너무 요약돼 있어 사건
의 전후 맥락을 알기 어렵게 만든다. 과도한 편견과 추측으로 사실
관계가 왜곡되기도 한다.

기자들이 현장에서 발로 뛰며 사건의 내막을 들춰낸 이 책은 범
죄 사건의 전후 맥락을 알고자 하는 이들에게 도움이 될 것이다.
사건을 다각도로 분석하려는 전문가들에게도 훌륭한 참고서가 될
법하다. 책을 읽다 보면 덤으로 의문이 풀릴 때까지 파고드는 사회
부 기자들의 직업적 감수성도 간접 체험할 수 있다.

광명 세 모자 피살 사건의 가해자가 내뱉은 "아디오스, 잘 가"라
는 짧은 말은 그가 왜 살인을 했는지, 살인 현장에서 그의 감정이
어떠했는지 보여주는 결정적 단서가 된다.

인천 12세 초등생 학대 사망 사건의 가해자는 사건 발생 후 "나,
잡혀가면 어떡해"라고 말했다. 학대는 했지만 붙잡히는 것은 두려
워하는 전형적인 범죄자의 모습을 보여준다.

이 책에 담긴 소상한 사건 내용은 단순한 스토리 전달을 넘어 우리에게 범죄 예방의 단서를 제공한다. 피해자 인권 보호의 중요성도 새삼 일깨워준다. 무엇보다 범죄라는 것이 인간의 도리를 저버리는 행위임을 절실히 느끼게 한다.

진실 규명을 위해 똑바로 달려온 저자들의 노고가 빛을 발하기를 바란다.

_박미랑 한남대 경찰학과 교수

차례

추천의 글 | 5

저자의 말 | 13

1 광명 세 모자 피살 사건   17

"아디오스, 잘 가", 살해범 목소리는 녹음됐다

2 이은해 계곡 살인 사건   28

"왜 안 죽지?" "이번 판도 GG인 듯", 신체 접촉 없는 살인

3 부산 동백항 차량 추락 사건   45

10개월 사이 물에 빠진 차 사고만 세 번, 일가족 연쇄 사망

4 남양주 개 물림 사망 사건   57

"개의 코 모양이 달라" 부인했지만,
"살인견의 주인 맞다" 실형 선고

5 구미 3세 여아 사망 사건   64

사라진 아이는 어디에? 원점으로 돌아간 사건 영구 미제로 남나

6 인천 백골 모친 방치 사건   83

엄마 백골과 함께 2년 5개월,
가족들 연락은 메시지 11개가 전부였다

7 세종 내연관계 직원 뇌출혈 방치 사망 사건   91

의식 잃고 쓰러졌지만 7시간 방치,
'내연관계 드러날까 봐 미필적 고의'

8 담양 세 모녀 가족 살인   102

두 딸 동의를 받고 살해? 그 뒤엔 20년 알고 지낸 사기꾼 있었다

9 제주 식당 주인 청부 살해 사건   110

"못 일어나게 하라"며 비번 알려줘,
유명 음식점 경영권을 가로챌 욕심에 범행

10 포항 방파제 50대 여성 변사체 사건   119

자다 일어나보니 아내가 사라졌다,
경찰에선 '무혐의' 암장될 뻔

11 캄보디아 만삭 아내 사망 사건   131

보험금을 노린 고의 사고냐 졸음운전이냐,
남편에게 수십억 원대 사망보험금 줘야

12 70대 노모 아들 살해 자백 사건   148

"100킬로그램 아들 죽였다"
노모 자백했지만 무죄, 진짜 범인은?

13 고유정 제주 전 남편 살해 사건   **158**

범행 직전 찍은 사진 3장,
의붓아들은 '인위적' 힘에 눌려 사망

14 인천 12세 초등생 학대 사망 사건   **177**

계모에게 연필 200번 찔리고
의자에 16시간 묶였다 숨졌는데, '살해' 아니라는 법원

15 이기영 파주 연쇄살인 사건   **187**

택시기사를 살해한 30대, 집주인인 동거녀의 행방도 묘연

16 제주 오픈카 사망 사건   **200**

"안전벨트 안 했네" 말한 뒤 급가속 "쾅",
옆자리에 탄 여자친구 사망

17 지적장애 동생 하천 유기 사건   **207**

'유산 분할 소송' 동생 시신에서 수면제 검출,
유기치사냐 살인이냐

18 우즈베키스탄 노동자 살인 누명 사건   **223**

살인 누명 쓰고 홀로 버틴 23일, 혈흔은 모든 걸 알고 있었다

19 대전 은행 강도살인 사건   233

    20년 넘은 장기미제 사건 셋이 한꺼번에, 주범과 공범 모두 무기징역

20 인천 80대 노인 아파트 추락사 사건   253

    재산 나눠주고 장애인 동생까지 돌본 옆집 노인 살해,
    미궁 막은 결정적 증거는?

21 대구 직장 동료 가스라이팅 사건   262

    낮에는 애 보고 밤엔 성매매,
    옛 동료 강제 결혼까지 시켜 노예처럼 부린 부부

22 파타야 살인 사건   273

    '고수익 해외 알바' 덫에 빠진 20대 프로그래머의 죽음

사건을 해부하되 한 발 물러서서
진실의 조각들을 있는 그대로

현장 기자들은 늘 숙제를 하는 기분이다. 범죄 혐의를 받거나 피해를 호소하는 사건 당사자들, 그리고 지나간 시공간을 더듬어 과거를 재구성하는 수사기관 사이에서 진실을 찾는 과정은 지난하다.

수사기관에 불려 나온 피의자나 법정에 선 피고인은 할 말이 많다. 중형을 피하기 위한 몸부림으로 보이지만, 억울함을 호소하는 외침일 수도 있다. CCTV에 범행 장면이 선명히 찍혔다면 모를까 순순히 혐의를 인정하는 경우는 드물다.

수사기관과 법원의 고민도 거기에서 출발한다. 검찰은 최대한 증거를 끌어모으고 법원은 검찰이 제시한 증거를 토대로 판단한다. 문제는 상대를 꼼짝 못하게 할 직접증거가 있는 사건이 많지 않다는 점이다. 직접증거가 없는데도 유죄 판단을 내렸다면 그럴 만한 이유가 있다고 봐야 한다. 다만 검사와 판사가 범행 장면을 눈앞에서 목격한 것은 아니기에 한 점 의혹도 남지 않는 사건은 찾아보기 어렵다. 인간이 진실을 규명하려는 시도 자체를 신의 영역에 도전하는 것이라고 말하는 이도 있다.

그럼에도 우리 형사사법 체계는 국가기관에 실체적 진실을 발견하라는 임무를 지우고 있다. 사건을 구성하는 팩트를 최대한 수집해 진실에 가장 가까운 퍼즐을 맞추라는 취지다. 유무죄 판단의 기준이 이와 같다면, 형사사건의 최종 결론보다는 그렇게 판단하게 된 과정에 주목하는 것도 의미 있는 일이다. 책의 부제를 '직접증거 없는 사건들'이라고 정한 것도 진실 규명 과정이 어려움을 강조하기 위함이다.

우리에게 공분을 일으켰던 충격적인 사건들을 해부하되, 쉽게 흥분하지 않고 한 발 물러서서 진실의 조각들을 있는 그대로 책에 담았다. 수사기관과 법원의 판단 기준과 고뇌도 충실히 기재했다. 예컨대 계곡에서 스스로 뛰어내린 남편의 사망 사건과 관련해 이은해는 왜 살인죄로 처벌받았을까. 수사 초기 변사로 처리됐을 만큼 증거가 부족했고 고의성 입증도 요원했는데 말이다. 검찰이 이은해에게 살인죄를 적용한 과정은 자세히 들여다볼 가치가 있었다. 교통사고로 위장해 캄보디아 출신 아내를 살해한 혐의로 법정에 선 남편은 무죄를 선고받았다. 수사 과정에선 보험금을 노린 고의 살인 쪽에 무게가 실렸지만, 대법원은 남편의 손을 들어줬다. 의심은 들지만 유죄로 확신할 수 없다는 게 이유였다.

책에 포함된 22개 사건에는 한국일보 사회부 기자들의 땀이 진하게 배어 있다. 진실에 접근하려는 일념으로 손을 들어 가리키고 발로 뛰며 전국을 누빈 동료 선후배들의 흙냄새도 오롯이 남아 있다. 아무리 흥미로운 내용이라도 소문으로만 떠도는 얘기는 책에 포함하지 않았고, 법정에서 증거로 채택되지 않은 내용은 가급적 배제했다. 그 대신 현장에서 답을 찾고 기록에서 팩트를 찾으려는 기자들의 노력과 열정을 담았다.

책이 나오기까지 적지 않은 분들의 도움을 받았다. 사건의 맥락과 법적인 쟁점을 짚어준 법조인도 있었고 복잡한 수사 내용을 알기 쉽게 설명해준 경찰도 있었다. 기자들의 거친 문장을 다듬는 수고를 마다하지 않고 출판 기회를 제공해준 임후성 북콤마 대표에게도 감사드린다.

2023년 10월

인천과 서울에서

강철원, 이유지 쓰다

1

광명 세 모자 피살 사건

"아디오스, 잘 가",
살해범 목소리는 녹음됐다

1

"네. 119입니다."

"아내와 아이들이 칼에 찔려 있어요. 모두 죽었어요."

사건의 최초 신고 내용이다. 2022년 10월 25일 자정이 가까운 시각. 중년 남성이 흐느끼며 전화기를 들었다. 자신의 아내와 중학생(15세), 초등학생(10세) 아들이 전부 흉기에 찔려 숨을 거뒀다는 신고였다. 경기 광명의 아파트로 출동한 경찰과 구급대원은 피를 흘린 채 싸늘한 주검으로 변한 세 모자를 발견했다.

평범한 가정의 엄마와 두 아들이 한날 한때 세상을 떠났다는 소식이 전해졌을 때 지역사회도 충격에 휩싸였다. 하지만 이튿날 더 충격적인 소식이 전해졌다. 최초 신고자였던 남성이 긴급 체포된 것이다. 세 모자를 무참히 해친 인물은 다름 아닌 피해자의 남편이며 아버지였던 고씨(46세)였다.

경찰은 주변 CCTV를 분석해 외부에서 침입한 흔적이 없는 것을 확인하고 그날 저녁 아파트를 나갈 때와 돌아올 때 옷차림이 달라진 고씨를 추궁했다. 고씨는 순순히 범행을 시인했다. 사건은 일가족을 무참히 살해한 인면수심 가장의 이야기이지만 안타까운 사연이 숨어 있었다. 범행 전후 가해자와 피해자들의 목소리가 생생히 남아 있었기 때문이다.

고씨는 처음엔 외상을 입히지 않게 목공용 고무망치로 아내와 자식들의 머리를 가격해 기절시키고 베란다 밖으로 내던져 피해자들이 아파트에서 뛰어내리는 극단적 선택을 한 것처럼 꾸미려 했다. 하지만 피해자들이 쉽게 기절하지 않으면서 흉기로 10여 차례 찌르게 됐다.

고씨의 인면수심 행각은 여기서 그치지 않았다. 그는 범행 직후 근처 피시방으로 걸어가 2시간 동안 일본 애니메이션을 보고 집으로 돌아왔다. 그리고 태연히 휴대폰을 들어 '119'를 눌렀다. 신고 기록에 남은 그의 울음은 '가족을 잃은 허망함'이 아니라 '계획 살인의 마무리'였다.

경찰 조사에서 고씨는 이해할 수 없는 말을 쏟아냈다. 그는 구속전 피의자심문(영장실질심사)에 출석해서는 느닷없이 자신이 다중 인격임을 주장했다.

"8년 전 기억을 잃었다. 최근 코로나19에 걸린 뒤 기억을 되찾았다. 내 안엔 3개 인격이 산다."

그 때문에 수사 당국은 고씨의 구체적인 범행 동기를 파악하는 데 어려움을 겪었다.

실타래를 푼 건 큰아들의 휴대폰이었다. 큰아들은 장기간 아버지의 육성을 녹음으로 남겼다. 아들이 기록한 아버지는 '두려움의 대상'이었다. 사건을 넘겨받은 수원지방검찰청은 아들의 휴대폰에 남은 30여 개 녹음 파일을 분석했다.

사건이 일어나기 3주 전 큰아들의 녹음이 시작됐다. 14분짜리 파일엔 격노한 고씨의 음성이 고스란히 담겼다. "왜 내 슬리퍼를 허락 없이 신고 가냐?"는 잔소리는 "내가 너는 죽어도 용서 못 해, 이 새끼야" 등의 폭언으로 이어졌다. 아들은 내내 묵묵부답이었다.

다음 날, 그다음 날도 큰아들은 녹음기를 켰다. 하루는 현관 앞에 선 아들이 혼잣말을 했다. "들어가기 무섭다. 죽지는 않겠지? 들어가면 무시하거나 '넌 뭐야, 이 새끼야'라고 하거나 'X새끼'라고 하니깐." 아들은 두려움에 떨었다.

세 모자가 떠난 그날도 큰아들의 휴대폰에는 '소리'가 고스란히 남았다. 녹음 시간은 장장 15시간. 참극이 일어나기 3시간 전쯤부터 다음 날 오전 경찰이 휴대폰을 발견하고 정지 버튼을 눌러 멈출 때까지 이어졌다.

2022년 10월 25일 오후 5시. "잠시 얘기를 하자"며 고씨는 큰아들을 불렀다. "그간 상처받은 게 있다면 미안하다. (전날 이혼하기로 했지만) 네 엄마와 화해했다. 잘 지내보자"라며 웃는 아빠의 제안에 아들은 "네"라고 답했다.

하지만 아빠는 3시간 후 돌연 큰아들을 무참히 살해했다. 고씨는 의식을 잃은 큰아들을 향해 "나, 죽는 거죠? 그렇지!"라며 자문자답하기도 했다. 목숨을 붙들고 있는 큰아들을 향해 짜증 섞인 말도 내뱉었다.

고씨는 쓰러져 피를 흘리고 있던 큰아들의 모습을 보고 절규하는 아내를 향해서도 흉기를 휘둘렀다. 이어 샤워를 하고 나온 작은아들까지 '범행 장면을 봤다'는 이유로 빠뜨리지 않고 포함시켰다. 고씨는 마지막으로 소름 끼치는 한마디를 남겼다.

"아디오스, 잘 가."

세 모자는 고씨의 만행이 이어지는 동안 저항 한 번 제대로 하지 못하고 세상을 떠났다.

검찰은 고씨가 2년 전 실직한 뒤 경제적 문제로 가족과 갈등을 겪고 그간의 분노감이 증폭돼 범행한 것으로 판단했다. 하지만 고씨는 검찰 조사에서 "'명', '소심이', '쩐'이라는 3개 인격이 매일 바뀐다"고 주장했다. 자기 안에 3명이 산다는 것. 하지만 각각의 특징을 설명하지는 못했다.

그는 다중 인격을 주장하는 통상의 살인범과는 확연히 달랐다. '범행한 건 내가 아니라 다른 인격'이라고 주장하는 대다수 사례

와 달리 '살인을 저지른 건 내 인격(명)'이라고 인정했기 때문이다. 당시 수사팀을 이끈 김재혁 검사도 그 점을 주목했다.

"범행을 저지른 건 자신의 인격(명)이 맞다고 인정하면서도, 범행 직후 피시방에 간 건 다른 인격(소심이)이라고 한 거죠."

수사팀 입장에선 그런 진술도 향후 법정에서 고씨의 책임능력에 어떤 영향을 미칠지 판단해야 했다. 고씨가 다중 인격 장애를 가진 게 맞다면 심신미약자에 대한 책임 감경 사유가 될 수 있었다.

수사팀은 대검찰청에 고씨에 대한 통합심리분석을 의뢰했다. 결과는 '이상 소견 없음'이었다. "큰아들이 용기만 있으면 아빠를 죽이고 싶다는 취지의 말을 했다", "8년 전 기억을 잃었다"는 고씨의 진술도 모두 거짓으로 밝혀졌다. 수사팀은 통합심리분석 결과에 더해 고씨의 고등학교 생활기록부와 병원 진료 기록도 들여다봤다. 결론은 '이상 없음'이었다.

검찰은 2022년 11월 고씨에게 살인 혐의를 적용해 재판에 넘겼다. 수원지방법원 안산지원에서 열린 첫 재판에서 고씨는 "현재 상황이 현실 같지 않지만 내가 한 일은 사라지지 않는다. 인간적으로, 도의적으로, 법적으로 용서받지 못할 것을 안다"며 울먹였다. 하지만 그는 재판 준비 단계에선 "TV에서 봤다"며 국민참여재판을 신청했다가 돌연 철회하기도 했다.

고씨는 법정에서도 다중 인격 장애와 기억상실증을 주장했다. 격분한 유족 측은 '기억상실은 사실무근'이라며 맞섰다. 재판부는 직권으로 고씨의 정신감정을 의뢰했다. 고씨는 두 번째 재판에서 "모든 걸 인정하니 제발 나를 사형시켜달라"고도 했다. 남편과 아버지로서 느낀 성찰이었는지, 감형을 위해 던진 말인지는 재판에서 가리겠지만, 검찰은 "일가족을 살해하고도 기억상실을 주장하는 등 죄질이 불량하다"며 그의 말처럼 사형을 구형했다.

통합심리분석

주요 강력 사건에선 피의자 진술의 진위 여부를 판단하고 피의자의 인지·성격상 특징 및 사이코패스 여부 등을 확인해 수사와 공판 단계에서 객관적인 양형 자료로 활용할 수 있다. 크게 ① 심리생리검사 ② 행동분석 ③ 임상심리평가 기법이 있다. 심리생리검사는 호흡과 맥박 등을 관찰해 거짓 여부를 판정하고, 행동분석은 말투와 표정, 몸짓 등을 관찰해 진술의 진위 여부를 추론한다. 임상심리평가는 면담을 통해 정신병리적 특징이나 성향 등을 파악한다.

2

허리디스크로 직장을 그만둔 고씨는 집에 들어앉으면서 사람이 조금씩 변해갔다. 2년쯤 별다른 벌이 없이 아내의 수입으로 생활하는 동안 집안을 돌보지 않고 자녀 교육 문제에도 무관심했다. 자연히 아내와 말다툼하는 일이 잦아졌다. 가정불화의 원인이 아빠에게 있다고 생각한 큰아들마저 대화를 기피했다. 고씨는 두 사람이 가장인 자신을 무시하고 업신여긴다고 생각했다.

갈등은 서운한 감정을 넘어 극심한 분노로 커져갔다. 특히 큰아들이 자신을 죽이고 싶어 한다는 망상에 시달렸다. 여기에 자신이 존중받지 못하고 부당한 대우를 받는다는 생각이 결합하면서 불길이 댕겼다. 어느 날부턴가 입에서 폭언과 욕설이 튀어나왔다. 그해 10월 초 자신의 슬리퍼를 허락 없이 신고 나갔다는 이유로 큰아들에게 욕을 하고 주먹으로 때렸다.

그는 범행 사흘 전부터 두 사람을 고무망치로 때려 기절시킨 뒤 베란다 밖으로 집어던져 자살로 꾸미기로 계획을 세웠다. 재판부는 다만 범행에 사용하기 위해 미리 고무망치를 구입했다고는 볼 수 없다고 판단해 이에 대해선 범죄사실로 인정하지 않았다.

10월 25일 고씨는 가족들과 함께 집에 머물러 있다가 작은아들이 평소 저녁 8시쯤에 샤워를 하니 그때가 범행하기에 가장 적합하다고 판단해 저녁 7시 50분쯤 담배를 피우고 오겠다며 밖으로 나왔다. CCTV가 촬영되는 엘리베이터를 타고 1층으로 내려가 마찬가지로 CCTV가 있는 현관으로 아파트를 나간 다음 이번에는 CCTV가 설치돼 있지 않은 1층 복도 창문으로 넘어 와 계단을 통해 집으로 걸어 올라왔다.

돌아와서는 작은아들이 화장실에서 샤워하고 있음을 확인한 뒤 아내에게 뜬금없이 거짓말을 했다.

"아파트 1층에서 검은색 가방을 봤는데 거기에 돈이 잔뜩 들어 있더라. 내려가서 확인해봐."

이렇게 아내가 1층으로 내려가면서 피해자들은 각기 다른 장소에 분리됐다. 고씨로서는 범행하기 쉬운 상황이 마련됐다.

한편으로는 고씨 자신이 외출하는 모습이 CCTV에 찍히도록 한 뒤 다시 CCTV에 찍히지 않는 동선으로 집으로 돌아와놓고 아내를 1층으로 내보내 CCTV에 찍히게 해 자신이 외출한 뒤에도 아내가 살아 있었음을 보여주려는 의도였다. 그것은 알리바이 만들기였다.

아내가 집을 나가자 고씨는 고무망치를 꺼내 거실 의자에 앉아 컴퓨터를 하고 있던 큰아들의 뒤로 가 머리 뒤쪽을 수차례 내리쳤다. 곧바로 돌아온 아내가 이를 발견하고 비명을 지르며 고씨를 막으려 달려들었다. 그러던 중 남편이 휘두르는 고무망치에 머리를 맞고 무참히 쓰러졌다. 마지막으로 화장실에 있던 작은아들의 이름이 불렸다.

"나와봐. (이름)야, 나와봐."

최초의 살해 계획에는 작은아들이 포함되지 않았으나 자살로 위장하려던 그림이 어그러지면서 고씨는 전부 살해하기로 마음을 바꿔먹었다. 역시 같은 방식으로 작은아들이 쓰러졌다. 작은아들이 화장실에서 샤워하는 동안에 범행을 실행한 점, 평소 작은아들과의 관계, 작은아들의 나이 등에 비춰보면 처음 범행을 결심할 단계부터 작은아들까지 죽일 계획이었다고 보기는 어려웠다.

고씨가 주방에 있던 흉기를 사용해 끝으로 잔인하게 살해할 때는 이미 극심한 분노를 걷잡을 수 없는 상태였다. 차라리 그는 아

2022년 10월 25일 밤 10시 40분쯤 경기 광명의 상가 건물 1층 CCTV에 피시방에 들렀다 나오는 고씨의 모습이 찍혔다. 고씨는 이때 모자를 눌러 쓰고 마스크를 착용해 얼굴을 가렸다.
사진 KBS 뉴스 캡처

무런 주저함이 없었다. 재판부는 사이코패스 평정척도, 재범위험성 평가척도에서 '중간' 수준임을 확인하고 "자신의 심리적 취약성이 위협받는 상황에서 극도의 자기중심성을 나타내고 분노를 극단적인 방법으로 폭발시키는 경향이 있다"고 설명했다.

큰아들은 아빠의 폭력적 성향에 두려움을 느껴 수시로 휴대폰 녹음 기능을 활성화했는데 이때도 3시간 전부터 버튼을 눌러 범행의 전 과정이 휴대폰에 그대로 녹음됐다. 고씨는 몰랐던 것 같다.

고씨는 범행 이후 범행 당시 입었던 옷과 비슷한 옷으로 갈아입고 CCTV에 찍히지 않는 계단을 통해 1층으로 내려가 다시 복도 창문으로 빠져나갔다. 그리고 범행 도구와 범행 당시 입었던 피 묻은 옷이 담긴 비닐봉지를 인근 하천에 숨겼다. 고씨는 한국판 웹

슬러 성인용 지능검사에서 '우수' 수준을 보였고 현실 검증력에도 문제가 없었다.

이후 고씨는 아무 일 없었다는 듯이 동네 피시방에 가 애니메이션을 2시간쯤 보며 시간을 보내고 집으로 돌아왔다. 그리고 처음 목격한 사람처럼 119에 신고했다. 현장에 출동한 경찰들 앞에서는 아내와 자식들이 살해된 모습에 충격을 받아 공황 상태에 빠진 것처럼 모습을 꾸며냈다. 유족으로서 참고인 조사를 받을 때 고씨는 이렇게 진술했다.

"엘리베이터를 타고 내려와 담배를 피우고 근처 피시방에서 시간을 보내다가 집에 돌아와보니 집 안이 말 그대로 피바다였습니다. 핸드폰으로 울며 신고하면서 아내와 아들들을 확인했던 것 같아요. 도대체 누가 왜… 진짜 모르겠어요."

사건 당일의 아파트 CCTV를 확인하던 중 경찰은 고씨가 집을 나갈 때 입은 옷과 들어올 때 입은 옷이 다른 점을 포착했다. 고씨로서는 비슷한 옷으로 갈아입었지만 경찰은 금방 다른 옷임을 알아챘다. 다음 날인 10월 26일 그를 긴급 체포했다. 수상한 점을 발견한 경찰이 자세히 살펴보니 고씨가 집을 나갈 때 입고 있던 옷은 다름 아니라 수색 과정에서 찾아낸 범인의 옷가지였다. 현장 감식 결과 외부에서 침입한 흔적이 없고 범행 도구와 옷가지 등을 찾아낸 점을 내세워 추궁한 끝에 고씨는 범행을 자백했다.

2023년 5월 12일 1심은 고씨에게 무기징역을 선고했다. 재판부는 다중 인격과 해리성 정체성 장애가 있다는 고씨 측의 주장은 통합심리분석 결과에 따라 인정하지 않았다. 다만 기억상실을 겪어 실제로 정신과 진료를 받은 사실을 인정해 고씨의 진술을 일부 받아들였다. 고씨에게 어느 정도 정신적 문제가 있고 그것이 범행에 영향을 미쳤을 가능성이 있음을 완전히 배제하기는 어려웠다.

고씨는 자신의 잘못이라며 항소하지 않았지만 검찰이 불복해 항소했다. 2023년 8월 29일 항소심은 1심과 마찬가지로 고씨에게 무기징역을 선고했다.

2

이은해 계곡 살인 사건

"왜 안 죽지?" "이번 판도 GG인 듯", 신체 접촉 없는 살인

1

이은해: (복어 독이 많이 든) 알이 없어서 이번 판도 GG일 듯(실패일 듯).

조현수: (복어) 피나 다른 것들로도 갈(죽을) 수 있대.

이은해: 근데 왜 쟤 멀쩡하냐, 밀복(복어의 한 종류)이라 그런가. 아 오, 진짜.

(2019년 2월 17일 '양양 복어 독' 사건 당일 텔레그램 대화)

2021년 말 계곡 살인 사건을 수사하던 인천지방검찰청 형사2부 검사들은 이은해(31세)와 내연 남성 조현수(30세)의 텔레그램 대화 내용을 확인하다가 경악을 금치 못했다. 피해자 윤씨(39세)에게 복어 독을 먹인 뒤 게임하듯 죽는지 안 죽는지 지켜본 정황이 발견돼서다. 그 외에도 '(윤씨가 아닌 다른 사람에게 매운탕을) 먹지 말라고 귀뜸하는 것은 오바지?', '(복어) 애를 으깨 넣고 피를 더 끓여 넣었다', '술에 취해서라도 먹지 마라' 등 메시지를 주고받았다.

검찰은 특히 이은해가 6차례나 남편 윤씨의 생명보험을 다시 살린 기록에 주목했다. 윤씨가 사망한 계곡 살인 사건이 납입금 연체로 생명보험 효력이 상실되기 4시간 전에 발생했다는 점에서 보험금을 노린 살인일 가능성이 높다고 봤다.

문제는 이를 어떻게 입증하느냐였다. 이은해는 어떤 신체 접촉도 없이 윤씨로 하여금 계곡에서 '직접' 뛰어내리게 하는 식으로 살해했다. 사건 초기에 단순 변사로 처리됐을 만큼 증거는 부족했고 살인죄를 적용하는 데 필요한 고의성 입증도 요원했다.

이때 이은해와 조현수의 대화를 발견한 것은 천운에 가까웠다. 지푸라기라도 잡는 심정으로 증거물을 다시 포렌식하던 중 삭제됐던 텔레그램 내용이 복원된 것이다. 두 사람의 대화 내용은 살인의 고의가 있었음을 입증할 결정적 증거가 됐다.

2019년 6월 30일 저녁 8시 무렵 여행객이 모두 떠난 경기 가평군 용소 계곡. 이은해가 일행에게 "떠나기 전 남자들만 다이빙 한 번씩 하고 가자"고 권유했다. 수영을 못하는 윤씨는 "난 못 뛰겠다"며 버텼지만 이은해는 "다른 애들은 다 뛰는데 오빠는 왜 안 뛰냐?"며 열 살쯤 어린 조현수 등과 비교하는 식으로 분위기를 몰아

갔다.

이은해는 "그럼, 내가 대신 뛰겠다"며 자신이 물에 뛰어들 것처럼 말했다. 조현수도 윤씨가 뛰어들면 구해줄 것처럼 "형, 뭐 해요"라고 재촉했다. 윤씨는 결국 이은해의 "오빠, 뛰어"라는 외침에 4미터 높이의 바위에서 수심 3~4미터의 물속으로 몸을 던졌다. 그 말이 그가 들은 아내의 마지막 말이었다. 주변에 구명조끼와 튜브가 있었지만 이은해와 조현수는 아무런 구호 조치를 하지 않았고 결국 윤씨는 숨을 거뒀다.

경찰은 윤씨가 다이빙을 하게 된 경위를 집중 수사했으나 고의로 밀어버리는 행위 같은 신체적 강압 정황은 발견하지 못했다. 부검 결과 특이점이 없다는 결론이 나오고 비의도적 사고에 따른 익사로 판명되면서 결국 경찰은 같은 해 10월 사건을 변사로 처리하고 내사 종결됐다.

이은해는 한 달여 뒤인 11월 11일 보험사에 윤씨의 생명보험금 8억 원을 청구했다. 하지만 보험사는 사망 경위가 의심된다는 이유로 지급을 거절했다.

윤씨 유족 측의 제보와 언론 보도로 타살 의혹이 커지면서 경찰은 재수사를 시작했다. 하지만 수사는 살인 혐의에 대한 물증이 충분치 않아 진척이 더뎠다. 사망을 인식하고 계획했다는 고의도 입증하기 쉽지 않았다.

그래도 이은해가 윤씨와 2017년 혼인하고도 함께 살지 않고 다른 남성과 동거해온 점, 윤씨가 개인회생을 신청할 정도로 재정이 파탄 난 상황에서도 실손보험은 방치하고 생명보험료는 납부한 점, 보험을 되살린 뒤 만료되기 4시간 전에 사건이 발생한 점 등 범죄로 의심할 정황은 넘쳤다. 살인 사건이 통상 피해자와 가해자 둘만 있는 장소에서 벌어지는 것과 달리 이번에는 범행이 의심되는 현장에 항상 지인들이 동행했다. 보험금 수령에 대비해 '사고사'의 목격자 역할을 할 이들을 포섭한 것이다.

2020년 12월 경찰로부터 사건을 넘겨받은 검찰은 전면 재수사에 돌입했다. 이은해와 조현수가 범행 현장을 사전 답사했는지, 또다른 범행 시도가 있었는지도 조사했다. 수사 기록을 원점에서 재검토하며 현장 검증과 압수수색, 계좌·통화 추적, 감정·자문을 병행했다. 주변 인물 30여 명을 조사하며 둘이 오간 장소를 꼼꼼히 살폈다. 이때 둘이 두 번 넘게 찾은 장소는 면밀히 들여다봤다

2019년 2월 17일 둘은 윤씨에게 복어 독이 들어간 매운탕을 먹이는 방법으로 1차 살해 시도('양양 복어 독')를 하고, 석 달 뒤인 5월 20일 다시 윤씨를 낚시터로 데려가 저수지로 밀어 빠뜨리는 방법으로 2차 살해 시도('용인 낚시터')를 한 정황이 새롭게 드러났다.

치사량에 못 미쳐 실패한 복어 독 사건에선 살인의 고의를 입증할 텔레그램 대화를 찾아냈다. 낚시터 사건에선 물에 빠졌다 살아나온 윤씨가 이은해를 향해 "네가 나 밀었잖아"라고 말했다는 목격자의 진술을 확보했다. 두 차례 모두 범행을 시도하기에 앞서 이은해는 돈을 빌리거나 '카드깡'으로 돈을 구해 연체 보험료를 납

부하고 실효된 생명보험을 되살렸다.

살인 혐의에 대한 윤곽이 드러난 2021년 12월 검찰은 이은해와 조현수를 소환했다. 조사 과정에서 계획 살인이라는 증거가 눈앞에 제시되자 두 사람은 이튿날 도주했다. 난관에 부딪친 검찰은 체포·통신·계좌부터 배달 대행업체 의뢰 내역까지 영장 50여 건을 발부받고 팀을 나눠 전국 각지에 잠복했다. 하지만 조력자들의 도움에 밀려 둘의 흔적은 쉽사리 잡히지 않았다. 그대로 기소를 중지하고 살인범들을 방치할 수는 없는 노릇이었다.

이에 검찰은 전례 없이 공개수사로 전환했다. 이후 제보가 쏟아졌고 경찰과의 합동검거팀이 구성됐다. 4개월 동안 전국을 누비던 이들은 결국 2022년 4월 경기 고양의 한 오피스텔에서 붙잡혔다. 검찰은 추가 압수수색을 통해 도주 후에 불법 도박 사이트를 운영한 증거가 담긴 대포폰과 노트북, USB 등을 찾아냈다.

검찰은 이은해가 '가스라이팅'을 통해 윤씨를 심리적으로 지배했다고 판단했다. 2011년부터 9년간 윤씨로 하여금 자신과 가족 등의 계좌에 돈을 보내게 해 2억 4260만 원 이상을 착취했다. 윤씨 부친이 신혼집을 마련하라고 건넨 1억 원도 자신의 채무를 변제하는 데 썼다.

이은해의 과거 전력도 속속 드러났다. 미성년자였던 2009년 특수절도죄 등으로 4차례 소년보호 사건 처분을 받았다. '조건 만남'을 미끼로 남성들을 모텔로 유인한 뒤 이들이 샤워하는 사이 금품을 훔친 것이다. 2017년부터는 해외여행 중에 물품을 도난당했다고 허위 신고해 수차례 보험금을 탄 이력도 있었다. 그의 지인은 검찰 조사에서 "이은해는 '인생은 한 방'이라는 생각으로 살았다"고 전했다.

윤씨와의 관계는 2011년 무렵 시작됐다. 윤씨로부터 경제적 지원을 받는 가운데에도 이은해는 다른 남성들과 사귀거나 동거해 왔고 이는 2017년 3월 혼인신고를 한 뒤에도 달라지지 않았다. 2014년 7월엔 동거하는 남성과 태국 파타야로 여행을 갔다가 상대가 익사해 사고사 수사를 경험하기도 했다.

윤씨와는 철저히 형식적인 결혼 관계였다. 더 나아가 이은해는 윤씨로 하여금 그의 가족들에게 자신의 경제적 착취와 동거하지 않는 형식적 관계를 밝히지 말도록 했다.

매달 450만 원 상당의 안정적 수입이 있던 윤씨는 돈을 계속 요구하는 이은해에게 버는 족족 송금한 나머지 2018년 6월 개인회생을 신청하기에 이르렀다. 당시 윤씨는 지인에게 라면과 물을 사기 위해 3000원을 빌려야 할 만큼 극심한 생활고에 시달렸다.

윤씨는 극단적 선택을 위해 등산용 밧줄을 구매하거나 장기 매매 브로커와 접선하면서도 아내인 이은해를 걱정했다고 한다. 그는 이은해에게 "생일 선물도 못 해주는 처지에 이런 부탁을 해서 미안한데, 주말이라 회사에 나가지 못해 밥도 못 먹고 물을 사 먹을 돈도 없으니 3만 원만 입금해달라"고 애원하기도 했다. 송금 시기를 놓쳐 이은해로부터 갖은 욕설을 듣고 폭행을 당해도 그는 자

'계곡 살인 사건'의 피의자 이은해가 2022년 4월 19일 오후 구속전 피의자심문(영장실질심사)을 받기 위해 인천지방법원으로 들어서고 있다. 사진 한국일보

신의 무능함을 탓하며 "이은해에게 꼭 인정받고 싶다"고 주변에 말하기도 했다. 늘 이은해가 짜증내고 욕할까 봐 안절부절못했다.

결국 2018년 12월이나 2019년 1월 윤씨의 재정이 파탄 나 더는 착취할 수 없을 데까지 갔을 때 이은해는 그 무렵 내연관계로 발전한 조현수와 함께 남편 명의의 보험금 8억 원을 타내려고 살인을 공모했다. 조현수는 윤씨 등 주위에는 여전히 친한 누나와 동생인 사이로 꾸몄다.

인천지방검찰청 1차장검사로 당시 수사를 지휘한 조재빈 변호사는 "이은해는 남성을 상대로 성을 매개로 한 착취적 행동을 일관되게 보였다. 공감 능력은 부족하고 자기도취적 성향은 강하게 나타났다"고 했다. 또 이렇게 덧붙였다.

"극심한 생활고에 빠지고 주변 관계가 단절된 윤씨에게 다이빙은 이은해에 대한 구애이자 소속감 증명을 위한 행위였을 것이다."

2022년 5월 검찰은 살인, 살인미수, 보험사기방지특별법 위반 혐의로 이은해와 조현수를 구속 기소했다. 사건이 발생한 지 2년 11개월 만이었다.

2

2019년 2월 17일 밤 10시쯤 강원 양양의 펜션에서 윤씨는 다음 날 출근을 위해 이은해의 권유에도 술과 안주를 먹으려 하지 않았다. 밖에 나갔던 조현수와 다른 일행들은 인근 가게에서 밀복을 추가로 주문해 그 부산물까지 챙겨 돌아왔다. 이은해와 조현수는 텔레그램 대화를 통해 복어 애와 정소, 피 등을 전부 넣고 끓인 매운탕을 윤씨에게만 따로 주기로 공모했다. 결국 술은 마시지 않고 매운탕만 먹은 윤씨는 다음 날 아침 일찍 버젓이 일어나 차를 몰았다. 법원은 두 사람이 준비한 밀복과 그 부산물이 독성이 없거나 치명적인 수준이 아니라고 하더라도 살인미수로 처벌해야 한다고 봤다.

2019년 5월 19일 밤 10시 윤씨는 이은해, 조현수, 다른 여성 지인과 함께 경기 용인의 낚시터를 찾았다. 방갈로 안에서 술을 마시던 중 이은해는 지인과 할 말이 있다며 윤씨와 조현수를 수심 5미터의 물가로 나가게 했다. 다음 날 새벽 이은해는 지인이 방갈로 안에 머무는 사이 밖으로 나와 윤씨를 밀어 물에 빠뜨렸다. 하지만 누군가 물에 빠지는 소리를 듣고 뛰쳐나온 지인에게 발각돼 미수에 그쳤다. 이때 이은해 등은 윤씨가 물을 무서워하고 물에 들어가기 싫어한다는 사실을 확인했다.

2019년 6월 30일 가평 계곡에서 조현수는 일행들과 함께 여러 차례 다이빙을 즐기며 수영 실력을 뽐냈다. 저녁 8시쯤 날이 어두워져 계곡에 있던 구조요원과 여행객들이 모두 떠났을 때 이은해는 "떠나기 전에 남자들만 다이빙 한 번씩 하고 가자"고 말해 남자들 모두 물에 뛰어들어야 할 것 같은 분위기를 만들었다. 윤씨가 "나는 안 뛰겠다"고 말하자 이은해는 "다른 애들은 다 뛰는데 오빠는 안 뛰냐?"며 다이빙을 하도록 압박했다. 그럼에도 윤씨가 "난 못 뛰겠다"고 버티자 이은해는 "그럼, 내가 오빠 대신 뛸게"라고 말하며 바닥에 놓여 있던 구명조끼를 집어 들어 입으려 했다. 그때 조현수가 "형, 뭐 해요. 가요"라고 부추겼다. 결국 윤씨는 이은해의 요구에 밀려 조현수와 또 한 명의 남성 일행을 따라 바위 위로 올라갔다.

조현수가 제일 먼저 바위에서 뛰어내렸다. 그리고 물 위에 떠 있던 튜브를 긴 채 그대로 물속에 머물며 밖으로 나가지 않고 마치 윤씨가 뛰어들면 안전히 구해줄 것처럼 굴었다. 뒤이어 다른 남성 일행이 뛰어내렸고 곧바로 물 밖으로 빠져나왔다. 이은해는 다이빙을 망설이며 주저하는 윤씨를 향해 "오빠, 뛰어"라고 외쳤다.

윤씨는 구명조끼 없이 맨몸으로 물에 뛰어들었다. 뛰어든 직후 "악" 소리를 내고 허우적댔다. 조현수는 윤씨와 5미터 거리에 있었다. 그럼에도 튜브를 윤씨에게 던져주지 않았다. 그 대신 튜브를 그대로 허리에 낀 채 윤씨가 빠진 곳을 향해 헤엄쳐 다가갔다. 튜브 없이 몇 번만 헤엄을 치면 바로 도달할 수 있는 거리였다. 너무 느리게 나아가기에 주위(다른 여성 일행)에서 "튜브를 빼고"라고 소리 지르자 그제야 조현수는 튜브를 빼고 수영했다. 이은해는 그 모습을 보고 모래톱에 구명조끼가 3벌 있었는데도 다른 여성 일행을 데리고 계곡에서 50미터 이상 떨어진 곳에 비치된 튜브를 가지러 갔다. 그 무렵 물 위로 사람의 모습이 보이지 않았다. 윤씨가 물속에 잠긴 뒤에도 조현수는 아무런 구호 조치를 하지 않았다. 살인이 완성된 순간이었다.

윤씨가 물 밖으로 나오지 않자 이은해가 저녁 8시 24분쯤 119에 신고했다. 밤 9시 7분쯤 윤씨는 물속에서 사망한 모습으로 119구조대에 의해 발견됐다.

이은해는 장례식을 마치고 조현수와 함께 잇따라 해외여행을 다녀왔다. 사고가 발생하고 한 달도 채 되지 않은 2019년 7월 28일 둘은 일본으로 여행을 떠난 것을 시작으로 8월 21일 베트남, 9월 7일 홍콩으로 여행을 갔다. 그런 식으로 2020년 2월까지 짧게는 2박 3일에서 길게는 18박 19일까지 해외여행을 10회 다녀왔다.

경찰은 '이런 행동들은 배우자 상을 당한 사람의 모습으로 보기 어렵다'고 수사 기록에 적시했을 뿐이다.

사건 다음 날인 7월 1일 가평경찰서는 이은해에게 휴대폰을 제출하라고 요구했다. 경찰은 당시 "이은해가 남편 명의로 거액의 생명보험에 가입한 점 등이 계획 범행으로 의심된다"는 제보를 받고 범죄 혐의를 조사하고 있었다. 하지만 이은해는 "남편의 장례를 치르려면 휴대폰이 필요하다"며 내놓지 않았다. 경찰의 세 번째 요구에 그는 "가방을 잃어버려 휴대폰도 함께 분실했다"고 답했다.

세 차례나 거부됐으면서도 당시 경찰은 이씨 휴대폰에 대한 압수수색 영장을 발부받는 등 강제 수사에 나서지 않았다. 조현수의 휴대폰에 대해서도 별다른 조사를 하지 않았다. 이때 경찰이 이은해의 휴대폰을 열어보지 못했던 점은 두고두고 아쉬움으로 남았다. 나중에 검찰이 둘의 텔레그램 대화에서 살인 혐의를 입증할 대화 내용을 찾았지만 수사는 이미 장기화된 상태였다.

검찰은 이은해와 조현수가 수영을 하지 못하는 윤씨로 하여금 '가스라이팅'을 통해 물로 뛰어내리게 함으로써 직접 살해했다고 봐 '작위에 의한 살인'으로 기소했다. 물에 빠진 윤씨를 구조하지 않고 방치해 숨지게 한 '부작위에 의한 살인'(해야 할 일을 하지 않아 일부러 죽음에 이르게 하는 것)이 아니라.

이은해와 조현수는 법정에서 무죄를 주장했다. 윤씨가 스스로 구명조끼를 입지 않고 계곡으로 뛰어내렸을 뿐이며 자신들은 구호 조처를 다했다고 했다. 살인미수 혐의에 대해서도 독이 든 복어로 매운탕을 끓여 먹인 적이 없고 낚시터에선 윤씨가 혼자 넘어져 물에 빠졌을 뿐이라고 항변했다. 텔레그램 대화는 서로 장난으로 주고받은 것이라고 주장했다.

1심 재판부는 12차 공판에서 검찰에 '부작위에 의한 살인'도 염두에 두고 증인 신문을 하고 공소장 변경도 검토하라고 요청했다. 그것은 가스라이팅을 통한 직접 살인은 인정하지 않겠다는 언질이었다. 물론 살인의 고의와 살해 방법을 명확히 할 필요가 있어서다. 이에 검찰은 '피고인들이 피해자로 하여금 맨몸으로 물속으로 뛰어내리도록 함으로써 살해했다'에서 '피고인들이 피해자로 하여금 맨몸으로 물속으로 뛰어내리도록 한 다음, 피해자가 허우적대는 모습을 목격하고도 구호 조치를 다하지 않아 살해했다'로 공소장을 변경했다.

이후 검찰은 결심공판에서 "이은해는 피해자에게 남편이라는 꼬리표를 붙여 마음을 착취했고 물에 빠지게 해 숨지게 했고 조현수는 허울뿐인 혼인 관계를 알면서 무임승차했다"며 이은해와 조현수에게 각각 무기징역을 구형했다.

2022년 10월 27일 1심 재판부는 살인과 살인미수, 보험사기방지특별법 위반 혐의를 모두 유죄로 보고 이은해와 조현수에게 각각 무기징역과 징역 30년을 선고했다. 이때 가스라이팅을 통한 '작위에 의한 살인'이 아니라 구조하지 않은 데 따른 '부작위에 의한 살인'으로 파악했다. 가스라이팅을 인정하지 않은 재판부는 살해 방법의 핵심은 물에 빠진 윤씨를 구조하지 않은 것이고 피해자로 하여금 바위에서 뛰어내리게 한 것은 그 선행 행위라고 했다.

1심 재판부가 '가스라이팅'을 인정하지 않은 이유는 간단했다. 윤씨가 일상생활 전반에서 이은해에게 심리적으로 통제 및 지배를 받은 것은 아니고 그 영역이 경제적·재정적 문제에 국한돼 있었기 때문이다. 이은해가 결혼 관계를 유지하는 동안에는 여러 남성과 교제하는 양면성을 윤씨에게 숨긴 점도 그렇다. 즉 이은해는 철저히 윤씨를 돈을 주는 '조건 만남'의 대상으로 여기고 경제적 수단으로 통제했을 뿐, 피해자 자체에 대한 통제 의도는 보이지 않았다.

"피해자를 자신에게 종속시켜 일상을 통제하기보다는 경제적인 효용이 다할 때까지 일정한 거리를 유지하며 원하는 것을 얻어내려고 했을 가능성이 더 높다."(항소심)

2019년 들어 경제적 문제로 갈등이 심해졌을 때 윤씨는 이은해에게 헤어지자고 말한 적이 있다. 이은해가 웨이크보드를 타게 할 때도 물에 대한 두려움에서 거부하는 등 그의 말에 그대로 따르지 않고 자신은 원하지 않는다는 의사를 표시했다. 낚시터에서 빠졌을 때도 이은해에게 "네가 나 밀었잖아"라며 행동을 지적하기도 했다.

계곡의 바위에서 뛰어내린 것도 이은해 등의 거듭된 권유와 '남자들은 다 다이빙을 하는' 분위기에 휩쓸려 하게 된 것으로 보인

계곡살인 사건 개요도

2017년 8월 5일	2019년 2월 1일	2019년 2월 17일	2019년 4월 1일	2019년 5월 20일	2019년 6월 30일	2019년 7월 1일
보험가입	실효 (5회째)	양양 복어독 살인미수	실효 (6회째)	용인 낚시터 살인미수	가평 용소계곡 살인	계약 만료 (살인 범행 4시간 후)
	2월 9일 부활		4월 30일 부활			

그래픽 강준구

다. 즉 윤씨가 이은해의 다이빙 요구를 명령으로 받아들였을 가능성은 낮다. 이은해 등이 다이빙을 할 분위기를 조성하고 유도한 행위를 바위에서 밀거나 강제로 떨어뜨리는 것과 같은 작위 행위로 볼 수는 없다.

"조현수나 다른 남자 일행이 안전히 다이빙하는 모습, 수영을 잘하는 조현수가 물속에서 튜브를 타고 있어 언제든 자신을 구해줄 수 있는 상황이라는 점을 인식하고 그 둘을 믿고 뛰어내렸을 가능성이 크다."

재판부는 '작위에 의한 살인'은 인정하지 않았지만 죄의 무게는 그와 동등하다고 봤다. 처음부터 윤씨의 사망을 계획하고 구호 조처를 한 것처럼 사고사로 위장했다는 점에서 더 지독하다. 지인들까지 끌어들여 윤씨의 사망을 우연한 사고로 위장하는 데 목격자로 이용했고, 익사 사고가 나도 이례적이지 않은 대중 낚시터와 계곡 등을 골라 피해자와 함께 다니며 살해할 기회를 엿봤다.

윤씨의 죽음마저도 자신의 경제적 이익을 위한 수단으로 취급하는 이은해의 모습을 두고 재판부는 소름끼치는 진실을 대면했다.

"피고인(이은해)은 이 사건 범행으로 피해자가 사망하지 않았다고 하더라도 피해자가 사망할 때까지 살해 시도를 지속했을 것이 분명하다."

검찰은 항소하며 '작위에 의한 살인'을 다시 꺼내들었다. '심리적 지배(제압)'인 '가스라이팅'까지는 이르지 못했다면 '심리적 굴종 상태' 정도라도 감안해 '작위에 의한 살인'을 인정해달라고 했다.

하지만 2023년 4월 26일 항소심 재판부도 가스라이팅을 통한 '작위에 의한 살인'에 대해선 "이은해와 윤씨가 심리적 주종 관계를 형성했는지가 불분명하다"며 받아들이지 않았다. 그렇다고 형량을 낮추지는 않았다.

2023년 9월 21일 대법원은 원심 판결에 특별한 오류가 없다며 확정했다. 앞서 보험사가 보험 사기를 의심해 지급을 거부하자 이은해는 보험사를 상대로 민사소송을 제기했었다. 보험금 청구소송은 그에 대한 형사재판 심리가 이어지면서 잠시 중단됐고 항소심 선고가 내려진 뒤 재개됐다. 이은해는 형사재판에서 잇달아 무기징역을 선고받고도 보험금 소송을 취하하지 않다가 2023년 9월 5일 패소했다. 이후 그가 항소하지 않아 보험금 소송에서 원고 패소한 판결도 확정됐다.

사건 일지 _____

2017년 3월 이은해, 윤씨와 결혼.

2017년 8월 이은해, 본인이 수령 가능한 8억 원대 생명보험을 남편 명의로 가입.

2019년 2월 17일 강원 양양 펜션, 윤씨에게 복어 정소와 피를 섞은 음식을 먹여 살해 시도.

5월 20일 경기 용인 낚시터, 윤씨를 물에 빠뜨려 살해 시도.

6월 30일 경기 가평 용소 계곡, 윤씨에게 다이빙을 강요한 뒤 구조하지 않음으로써 살해.

7월 1일 범행 4시간 후 윤씨 생명보험 계약 만료.

10월 중순 경기 가평경찰서, '단순 변사'로 내사 종결.

2019년 11월 일산서부경찰서, 재수사 착수. 보험사, 이은해에게 생명보험금 지급 거부.

2020년 12월 일산서부경찰서, 살인 및 보험사기방지특별법 위반 미수 혐의로 이은해와 조현수 등을 의정부지방검찰청 고양지청으로 불구속 송치. 이후 인천지방검찰청으로 이송.

2021년 2월~11월 인천지방검찰청, 현장 검증 및 압수수색. 양양 복어 독 사건과 용인 낚시터 사건 추가 입건.

2021년
12월 13일 검찰, 이은해와 조현수 첫 조사.

12월 14일 이은해와 조현수, 검찰 2차 조사에 출석하지 않고 잠적. 법원, 체포영장 발부.

2022년
3월 30일 검찰, 이은해·조현수 공개수배.

4월 6일 인천지방검찰청과 인천경찰청, 합동검거팀 구성.

4월 7일 인천경찰청, 이은해의 옛 남자친구 2명 사망 사건 조사 착수.

4월 16일 검경, 경기 고양 오피스텔에서 이은해·조현수 체포.

5월 4일 검찰, 살인 및 살인미수 등 혐의로 이은해와 조현수 구속 기소

9월 1일 검찰, '부작위에 의한 살인' 혐의 공소사실에 추가하면서도 여전히 '작위에 의한 살인죄' 의견 유지

10월 27일 인천지방법원, 부작위에 의한 살인 등 이은해와 조현수에게 각각 무기징역과 징역 30년 선고.

2023년
4월 26일 서울고등법원, 1심 판결 유지.

9월 21일 대법원, 원심 판결 확정.

3

부산 동백항 차량 추락 사건

___

10개월 사이 물에 빠진 차 사고만 세 번,
일가족 연쇄 사망

1

한가롭기만 한 5월 한낮 동백항에 경차 한 대가 바다를 바라보고 주차돼 있다. 차량엔 두 명이 타고 있다. 둘은 남매간이다. 오빠가 차에서 내려 조수석에 있던 여동생을 운전석으로 옮기고 자신이 조수석에 탄다. 이후 브레이크등이 꺼지고 차가 서서히 직진하더니 바다에 빠진다. 오빠는 탈출하지만 여동생은 빠져나오지 못한 채 차와 함께 가라앉는다.

2022년 5월 3일 오후 2시 15분쯤 부산 기장 동백항에서 40대 남매가 함께 탄 차량이 바다에 빠졌는데 여동생(40세)만 숨졌다. 오빠 김씨(43세)는 경찰 조사에서 여동생의 운전이 미숙해 생긴 사고라고 해명했다. 하지만 차가 미끄러지듯 나아가는 모습은 누가 봐도 급발진이 아니었다. 사람으로 치면 제 발로 바다를 향해 걸어 들어가는 듯했다.

　사건 직전 여동생 명의의 사망보험금이 5천만 원에서 5억 원으로 오르고 수익자가 오빠로 바뀐 사실이 드러나면서 수사는 새 국면을 맞았다. 뇌종양이 재발해 신변을 비관한 여동생이 극단적 선택을 하고 오빠가 보험금 때문에 방조한 것처럼 보였다. 남매 사이에 그 이상을 꾸몄을 것 같지는 않았다.

　그러나 수사가 진행되면서 그 이상이 존재하는 듯한 정황이 나왔다. 사건 당시 부두 인근에 설치돼 있던 CCTV에서 석연치 않은 장면이 포착됐다. 하필 차량은 방지턱이 없는 곳에 주차돼 있었다. 차 안의 두 사람이 자리를 바꾸는 듯한 모습이 보였다. 오빠가 차 안으로 몸을 깊숙이 숙여 무언가를 수차례 끌어당기는 것이 여동생을 운전석으로 옮기는 것 같았다.

　김씨가 뒷좌석과 트렁크에서 가방 등으로 짐작되는 물건을 빼 근처 기둥 쪽에 옮겨놓는 모습도 나왔다. 자기 소유의 물건을 미리 빼놓는 것은 이후 차량이 바다에 빠지는 것을 전제로 한 행동이었다. 김씨는 바다에서 헤엄쳐 나온 뒤에도 따로 빼놓은 자기 물건을 챙겨 갔다.

　CCTV 영상에선 사건 전날에도 김씨가 사건 현장을 다녀간 모습이 나왔다. 차량에 여동생을 태우고 직접 운전해 와서는 조수석으로 옮겨 앉았다. 사건 당시와 똑같은 움직임이었다. 그리고 브레이크등이 계속 꺼졌다 켜졌다 반복됐다. 차량이 조금씩 움직이기

도 했다. 여동생은 거동할 수 없는 상태였으므로 당연히 차량을 조종하는 이는 조수석에 앉은 오빠였다. 한마디로 그것은 예행연습이었다. 경찰은 별도의 실험을 거쳐 해당 차량은 조수석에 앉아서도 몸을 운전석 쪽으로 기울여 운전을 조작할 수 있음을 확인했다.

김씨의 휴대폰을 압수 수색해 포렌식하고 위치 추적과 CCTV 영상 분석을 진행하는 과정에서 공범의 존재가 드러났다. 김씨는 동거 여성 조씨(42세)와 함께 부산 지역의 여러 곳을 돌아다니며 범행 장소를 물색했다. 그렇게 김씨의 혐의는 살인으로 바뀌었다. 경찰은 김씨와 조씨가 보험금을 타내기 위해 차량 자살 사고로 위장해 여동생을 숨지게 한 것으로 판단했다.

경찰은 김씨와 조씨에 대해 살인 등 혐의를 적용해 구속영장을 신청했지만, 돌연 김씨가 영장실질심사에 출석하지 않고 행방을 감췄다. 그리고 다음 날인 6월 3일 저녁 경남 김해의 한 공사장 인근에 주차된 차량 안에서 숨진 채 발견됐다. 수사망이 좁혀오자 사건 발생 한 달 만에 스스로 목숨을 끊은 것이다. 조씨는 혼자 법정에 출석했다가 구속됐다.

경찰은 사건을 수사하는 과정에서 김씨 가족에게 비슷한 차량사고가 두 차례 더 있었음을 확인했다. 2022년 4월 18일 부산 강서 둔치도 인근에서 여동생이 탄 차량이 강에 빠졌지만 인명 피해는 없었고, 2021년 7월 15일 김씨 아버지(76세)가 탄 차량이 부산 강서 서낙동강 둑길에서 추락해 숨지는 사고가 있었다. 10개월 사이에 차량이 물에 빠지는 사고가 3차례나 있었고 그때마다 함께 있던 김씨는 큰 피해를 피한 셈이다.

2021년 7월 당시 김씨는 "아버지와 낚시를 하고 헤어졌는데 연락이 되지 않는다"며 112에 실종 신고를 했다. 신고를 받고 수색에 나선 소방대원들은 강바닥에 가라앉은 차량 안에서 숨진 김씨아버지를 발견했다. 당시 부검 결과 아버지의 몸에서 처방받은 적 없는 졸피뎀이 검출되는 등 사건 경위에 의문점이 많았다. 경찰은 CCTV와 처방 기록 등을 집중 수사했으나 혐의점을 찾지 못하고 자동차 사고로 결론지었다.

당시 김씨 아버지가 가입한 보험회사에선 1억 원가량의 보험금을 자녀들에게 지급했다. 차량에 타고 있던 중 물에 빠져 사망하고 사망에 보험금이 걸려 있었다는 점에서 여동생 사망 사건과 흡사했다.

부산경찰청 강력범죄수사대는 김씨 아버지가 숨진 사건도 석연치 않다고 보고 재수사를 염두에 두고 실제 김씨를 불러 한 차례 조사했다. 하지만 핵심 피의자인 김씨가 숨지는 바람에 사실상 수사를 진행하기 어렵게 됐다. 피의자가 사망해 공소권 없음으로 수사를 종결해야 했다.

그래도 여동생 사망과 관련해서는 그것으로 끝이 아니었다. 조씨가 구속돼 재판 과정을 통해 해당 사건의 전모가 드러냈다.

조씨는 동백항 범행 현장 인근에 있던 CCTV에는 포착되지 않았다. 하지만 검찰은 그가 김씨와 공모해 보험금을 가로챌 목적으로 범행에 적극적으로 가담했다고 봤다. 여동생이 탄 채 침몰한 차도 원래 조씨의 소유였다. 검찰은 살인과 자살방조미수, 자동차매몰, 보험사기방지특별법 위반 혐의를 조씨에게 적용했다. 그리고 결심공판에서 "뇌종양을 앓아 의사 능력과 신체 능력을 완전히 잃은 김씨 여동생을 적극적인 방법으로 죽음에 이르게 했다"며 조씨에게 징역 10년을 구형했다.

2

여동생은 뇌종양 진단을 받고 수술과 항암 치료를 받는 동안 오빠 김씨로부터 도움을 받았다. 나중에는 오빠가 얻어준 전세 아파트로 거처를 옮겨 아들과 함께 지냈다. 특히 아들에게는 삼촌을 믿고 아빠처럼 생각해 잘 따르라고 당부하기도 했다. 하지만 항암 치료를 받고 1년도 채 안 돼 뇌종양이 재발했고 그때는 의사의 재수술 권유를 물리치고 그만 단념했다.

2022년 3월 무렵 오빠 김씨는 아버지의 사망보험금 1억여 원은 진작 탕진하고 월급으로는 대출금 이자와 생활비, 카드 대금 등을 감당할 수 없는 형편이었다. 여동생의 건강 상태가 점점 나빠져 살날이 얼마 남지 않았음을 알게 됐을 때 남매가 함께 떠올린 것은 아버지의 죽음이었다. 타고 있던 차량이 강물에 빠져 아버지가 사망한 뒤 거액의 보험금이 자녀들에게 지급된 경험.

그 상황에서 여동생은 자동차 사고처럼 꾸며 자살한 뒤 오빠로 하여금 사망보험금을 받게 하기로 마음먹었다. 곧 자신 명의로 된 티볼리 차량의 자동차보험을 갱신해 사망보험금을 5천만 원에서 5억 원으로 증액하고 수익자를 법정상속인에서 오빠 김씨로 바꿨다. 김씨와 조씨도 경제적 어려움을 타개하기 위해 여동생이 사고사로 위장해 물속에 가라앉는 방법을 돕기로 했다.

2022년 4월부터 김씨와 조씨는 적합한 장소를 물색하러 다녔다. 행인이나 차량이 거의 없고 도로에서 바다나 강 쪽으로 쉽게 입수할 수 있는 곳. 범행(1차) 장소는 부산 강서 둔치도로 정해졌다.

4월 8일 사전 답사까지 마쳤다. 4월 18일 오후 김씨는 티볼리의 조수석에 여동생을 태우고 목표지로 출발했다. 당시 여동생은 다른 사람의 부축을 받으면 비틀거리며 걸을 수 있는 상태였다. 조씨는 회사에 '가족 교통사고'라는 사유로 조퇴서를 냈다.

오후 5시쯤 인근에서 합류한 그들은 오후 5시 40분 범행 장소에 도착했다. 현장은 강을 따라 이면도로가 쭉 뻗어 있었고 강과 이면도로 사이에 차량을 주차할 여유 공간이 있었다. 추락을 막을 방지턱은 설치돼 있지 않았다. 지나가는 차량은 거의 없었다.

이후 날이 어두워질 때까지 기다렸다가 김씨는 여동생을 티볼리에 혼자 남겨둔 채 조씨의 스파크 차량을 타고 그곳을 빠져나왔다. 여동생은 저녁 7시쯤 직접 차를 몰고 강 쪽으로 입수했다. 그런데 때마침 그곳을 지나가던 차량이 있었다. 운전자가 티볼리가 반쯤 물에 잠긴 것을 목격하고 강에 뛰어들어 여동생을 차량 밖으로 꺼냈다. 구조될 당시 여동생의 손에 휴대폰이 들려 있었다. 화면에 '00오빠'가 떠 있었지만 통화는 되지 않았다.

저녁 7시 15분쯤 김씨와 조씨가 그곳으로 돌아왔다. 범행의 성공 여부를 확인하기 위해서였다. 구조한 일행이 "(연락을 받지 못했을 텐데) 어떻게 알고 돌아왔느냐?"고 묻자 김씨는 "따라올 줄 알았는데 안 따라와서 돌아왔다"고 대답했다. 김씨는 사고 경위를 묻지도, 구해줘 고맙다는 인사를 하지도 않았다. 그때 조씨는 차에서 내리지 않았다.

김씨와 조씨는 집에 돌아와서도 여동생을 병원에 데려가지 않았다. 사고 이후 찾아온 다른 가족이나 친구에게도 사고 이야기를 전혀 꺼내지 않았고 여동생도 입을 다물었다. 운전 과실에 의한 사고가 아니라 자살미수였고, 여동생이 자살하기 위해 차를 몰고 강으로 뛰어드는 것을 방관한 김씨와 조씨는 엄연히 자살방조미수였다.

1차 범행 이후 여동생의 몸 상태가 급격히 악화됐다. 몸을 제대로 가누지 못해 혼자 거동하기가 불가능했다. 뇌압과 뇌부종 등으로 다른 사람들과 말을 나누지 못하는 가운데 날짜와 시간 개념이 사라지고 있었다. 주변 사람을 알아보기는 했으나 한두 마디 외에는 말을 하지 못했다. 그 와중에 여동생과 오빠 모두 빚으로 빚을 돌려 막고 연체가 지속돼 더는 돈을 구할 데가 없는 처지에 몰렸다.

이번에는 조씨의 스파크를 범행에 이용하기로 했다. 이에 티볼리에 대한 자동차보험을 스파크로 옮기고 다시 스파크의 명의를 조씨에서 여동생에게로 옮겼다. 이후 김씨는 아픈 동생을 차량에 태우고 운전해 부산 기장과 양산 등 또 한 번 장소를 찾아 돌아다녔다. 이때 조씨도 함께 다녔고 때로 인터넷 검색으로 찾은 장소 사진과 메시지를 김씨에게 전송했다.

4월 26일부터 5월 2일까지 김씨는 뇌종양 말기 증상으로 인해 목과 팔 등이 심하게 꺾이는 여동생을 차에 태우고 부산과 양산, 밀양까지 연일 오르고 내렸다. 왜 몸을 전혀 가누지 못하는 여동생을 꼭 데리고 매일같이 오랜 시간 장거리를 다녔을까?

인적이 드물고 조용한 물가. 2차 범행 장소는 동백항이었다. 5월 3일 낮 12시 10분쯤 동백항 부두에 도착했을 때 주위는 한산했다.

2021년 7월 15일 부산 서낙동강에서 소방대원이 강에 빠진 모닝 차량을 인양하고 있다.
이 사고로 김씨의 부친이 사망했다. 사진 부산소방재난본부

김씨는 여동생을 조수석에서 운전석으로 옮긴 뒤 안전벨트를 채
웠다. 조씨는 그 자리에 오지 않았지만 영상통화를 통해 당시 상황
을 계속 공유했다. 오빠는 차문을 닫은 다음 2시간쯤 주변을 맴돌
며 조수석에 탔다가 내리기를 반복했다.

　오후 2시 15분쯤 결심을 굳힌 오빠는 차량 조수석에 올라탄 다
음 운전석으로 몸을 숙여 브레이크와 핸들을 조작하며 운전했다.
바로 앞에 바다가 있었다. 슬금슬금 움직이던 스파크가 1미터 높
이의 부두에서 바다 속으로 떨어졌다.

　여동생이 몸을 비틀며 허우적거릴 때 오빠는 차 안에서 물이 서
서히 차오르는 것을 기다렸다. 물에 모든 것이 잠겨 차량이 결국

가라앉을 무렵 오빠는 혼자 헤엄쳐 탈출했다. 이번에는 여동생이 타고 있는 차를 바다에 추락시켜 사망에 이르게 했으므로 살해였다.

2022년 12월 20일 1심은 살인 등을 유죄로 인정해 조씨에게 징역 5년을 선고했다. 조씨는 1차 범행은 김씨 여동생이 운전 실수로 강에 빠진 사고이며 2차 범행은 살인이 맞는지 분명치 않다고 주장했다. 무엇보다 자신은 김씨가 저지른 일에 가담하지 않았다고 했다. 하지만 재판부는 조씨를 살해를 공모하고 직접 실행한 공범으로 판단했다.

2023년 6월 15일 항소심은 1심의 선고형인 징역 5년은 계획적 살인치고 처벌이 너무 가볍다며 조씨에게 징역 8년을 선고했다. 김씨와 조씨가 거액의 보험금을 노리고 치밀하게 계획해 범행한 것임을 다시 한 번 인정했다.

사건 일지 _____

2021년 **7월 15일**	김씨 아버지, 부산 강서 서낙동강 둑길에서 타고 있던 차량이 추락해 사망.
2022년 **2월**	여동생, 자기 차량의 자동차보험을 갱신해 사망보험금을 5천만 원에서 5억 원으로, 수익자를 오빠 김씨로 변경.
3월 중순	여동생, 뇌종양 재발. 의사의 재수술 권유에도 치료 중단.
4월 초	김씨와 내연 여성 조씨, 적합한 범행 장소 물색.
4월 18일	여동생, 부산 강서 둔치도 인근에서 차량을 운전해 강에 입수. 미수에 그침.
4월 20일	여동생의 기존 티볼리 차량에 대한 자동차보험을 조씨의 스파크 차량으로 이전하고, 다음 날 스파크의 명의를 조씨에서 여동생에게로 이전함.
5월 3일 **오후 2시 15분**	부산 기장 동백항에서 김씨와 여동생이 탄 차량 바다에 추락. 여동생만 숨지고 김씨는 탈출.
6월 1일	울산해양경찰서, 김씨에게 살인 혐의를, 조씨에게 살인 공모 혐의를 각각 적용해 구속영장 신청.
6월 3일	김씨, 경남 김해 공사장 인근에 세워둔 차량 안에서 숨

진 채 발견.

6월 28일 부산지방검찰청 동부지청, 살인 등 혐의로 조씨 구속
기소

12월 20일 부산지방법원 동부지원, 살인죄 조씨에게 징역 5년 선고.

**2023년
6월 15일** 부산고등법원, 형량을 올려 조씨에게 징역 8년 선고.

4

남양주 개 물림 사망 사건

"개의 코 모양이 달라" 부인했지만,
"살인견의 주인 맞다" 실형 선고

"A씨의 개와 인명 사고를 일으킨 개는 같다고 할 수 없습니다."

2022년 10월 27일 의정부지방법원 남양주지원 법정. 이른바 '살인견'의 주인으로 지목된 A씨와 변호인은 "두 개의 동일성이 입증되지 않았다"며 판사를 향해 외쳤다. A씨는 2021년 50대 여성을 물어 숨지게 한 사고견의 견주로 특정돼 재판에 넘겨졌다.

사상 유례가 없었던 '개 신원 대조' 사건에서 1심 법원은 업무상 과실치사 혐의로 A씨에게 징역 1년을 선고했다. "A씨가 입양해 기르던 개와 사고견의 동일성이 인정된다"며 A씨의 관리 소홀 책임을 물은 것이다. 법원은 어떤 근거로 두 개가 동일하다고 판단했을까.

개 물림 사망 사건은 2021년 5월 22일 오후 3시 20분쯤 발생했다. 신고를 받고 출동한 구급대원들은 경기 남양주 진건읍 사능리 한 공장 앞에서 의식을 잃고 쓰러진 여성 B씨(59세)를 발견했다. B씨는 목 뒷덜미 등에 깊은 상처가 나 있었고 몸 곳곳에 핏자국이 선명했다. 병원으로 옮겨졌지만 B씨는 과다 출혈로 숨졌다.

백주대낮에 행인을 숨지게 한 범인은 놀랍게도 개였다. 주변 CCTV에 몸집이 큰 개 한 마리가 B씨에게 달려들어 3분가량 집요하게 목 등을 물어뜯는 모습이 찍혔다. 발버둥 치던 B씨는 피를 흘리며 도망치다 공장 앞에 와서 쓰러졌다. B씨는 그날 지인이 운영하는 공장에 놀러 와 홀로 산책에 나섰다가 변을 당했다.

경찰과 구급대원들이 마취총을 쏴서 포획한 개는 몸길이 150센티미터, 몸무게 25킬로그램에 달하는 성견이었다. 견종은 사모예드와 풍산개의 믹스견으로 추정됐다. 사고견이 사고 후에도 사고 현장을 떠나지 않은 점, 목 부분에 목줄로 생긴 상처가 있는 점에 비춰 경찰은 누군가의 관리 소홀로 목줄이 풀린 개가 사람을 습격해 숨지게 한 것으로 판단했다. 그렇다면 견주에게 개에 대한 관리·감독 의무를 물어 민형사상 책임을 물을 수 있었다.

이후 경찰은 CCTV를 분석하고 '견주를 찾는다'는 안내문을 돌리며 사고견의 주인을 찾는 데 수사력을 집중했다. 그 과정에서 경찰견 훈련사와 동물행동분석가 등 전문가와 함께 사고 현장을 찾아 현장 검증을 진행했다. 견주로 추정되는 사람에게 직접 사고견을 데려가 반응을 살피고 다른 개들과의 반응, 귀소 본능 등을 살폈다. 전례가 없는 동물 대면 조사였다.

한동안 수사에 진척이 없어 주인 없는 들개가 저지른 짓으로 끝날 뻔했던 사건은 두 달이 지났을 때 새로운 국면으로 접어들었다. 7월 19일 경찰은 60대 A씨를 과실치사 혐의로 입건했다.

A씨는 수사 초기에 견주로 의심받던 인물로 사고 현장 인근에서 개 사육장을 운영하고 있었다. 수차례 거짓말탐지기 조사에도 특이 반응이 없어 그는 용의 선상에서 비켜 있었다. 그러던 중 "A씨가 1년 전에 사고를 낸 대형견과 비슷한 유기견을 분양받은 뒤 현재 그 개를 키우고 있지 않다"는 제보를 받았다. CCTV를 다시 분석해보니 사고견이 개 사육장과 공장 출입구 사이를 오가며 배회하고 사육장 진입로를 따라 드나드는 차량이나 사람들을 향해 짖는 등 사육장 주변을 벗어나지 않고 있었다. 이로써 경찰은 A씨를 견주로 특정했다.

A씨는 사고견은 자신의 개가 아니라고 주장했다.

"내가 키우는 개가 아니다. 나와 무관하며 가끔 개 사육장에 밥을 얻어먹으러 오던 들개다."

속도가 붙던 경찰 수사는 또다시 난관에 부딪쳤다. 경찰이 A씨에 대해 사전구속영장을 신청했지만 법원은 "A씨의 입양견이 사고를 일으킨 개라는 소명이 부족하다"며 영장을 기각했다. 법원은 경찰이 제시한 법영상분석연구소의 소견도 받아들이지 않았다. 연구소는 A씨가 2020년 6월 입양할 당시 개를 찍은 사진과 사건 후 포획된 개의 외형을 분석해 '같은 개일 가능성이 높다'는 결론

2021년 5월 22일 경기 남양주 진건읍 야산에서 50대 주민을 공격해 사망케 한 대형견이 포획돼
마취된 상태로 누워 있다. 사진 경기도북부소방재난본부

을 냈다. 수염의 패턴과 몸에 난 점의 위치 및 크기 등이 거의 일치한다고 했다.

수사는 원점으로 돌아왔다. A씨가 기르던 개와 사망 사고를 일으킨 개가 동일함을 어떻게 입증할까. 경찰 수사 사상 유례가 없는 난제였다. 유전자 감식처럼 법적으로 개의 신원을 입증할 방법이 없는 데다 국립과학수사연구원에도 관련 기능이 전무했다. 보강수사는 더뎠다. 이런 사실이 알려지면서 '개 물림 사망 사고'는 '개 신원 대조 사건'으로 불렸다.

경찰은 A씨 주변의 인물들을 다시 조사하던 중 추가 증거를 찾아냈다. A씨가 사육장 개들을 공급받던 동네 주민 C씨에게, 사고견을 입양할 당시 남은 기록을 없애달라고 부탁하는 정황이 담긴 녹취록을 손에 쥔 것이다. C씨는 A씨의 증거인멸 시도를 증거로 남기기 위해 통화 내용을 녹음했다.

실제로 A씨는 C씨 등을 통해 유기동물보호소에서 분양받은 유기견 40여 마리를 농장에서 불법 사육해왔다. C씨는 분양확인서에 가명을 적는 방식으로 일인당 4마리 이상 분양하지 않는 보호소 측을 속였다. A씨는 식당을 운영하는 지인으로부터 잔반 등을 받아 와 개 먹이로 주며 사육했다.

사건을 넘겨받은 검찰은 2022년 5월 경찰이 적용한 A씨의 4개 혐의 가운데 과실치사죄를 더 엄히 처벌되는 업무상과실치사죄로 변경한 뒤 구속영장을 다시 청구했다. 이번에는 법원이 영장을 발부하면서 A씨는 구속됐다. 검찰은 C씨도 증거인멸 혐의로 재판에 넘겼다. 사건이 발생한 지 1년 만이었다.

개 신원을 다투는 재판은 유례가 없는 터라 A씨와 검찰의 공방은 뜨거웠다. A씨의 변호인은 "A씨의 입양견과 사고견의 동일성이 입증되지 않았다"며 업무상과실치사 혐의를 부인했으나 검찰은 A씨를 견주로 특정했다. A씨 측은 "입양한 개는 코가 붉었고 사고견은 코가 검은색이다. 안면 생김새도 다르다. 사고견의 안면은 V 자 모양인데 입양견은 V 자가 없다"고 주장했다. 검찰은 A씨에게 징역 5년을 구형했다.

법원은 검찰의 손을 들어줬다. 2022년 11월 10일 의정부지방법원 남양주지원은 검찰이 제기한 업무상과실치사, 수의사법 위반, 폐기물관리법 위반, 증거인멸교사 등 4개 혐의를 유죄로 인정해 A씨에게 징역 1년을 선고했다. 판사는 "A씨가 입양해 키우던 개가 농장 밖으로 나와 피해자를 물어 사망하게 했다고 보는 게 맞다"고 밝혔다.

우선 판사는 "사고견은 들개라기보다는 최근까지 주인이 관리했던 개로 보인다"고 했다. 사고견의 목 부위에 최근까지 목줄을 착용한 흔적이 있고, 사고 후 포획된 당시엔 진드기가 없다가 나중에 현장 검증을 하던 중에 진드기가 생겼다. 개의 주인이 목줄을 풀어주고 관리하던 중 우리 밖으로 나온 개가 피해자를 물어 사망하게 했다는 정황도 밝혀졌다. C씨는 A씨로부터 '사고견의 목줄을 매려 했으나 개가 물려고 해서 줄을 묶지 못했다'는 말을 들었다고 진술했다.

사고견의 행동도 A씨가 주인이라고 가리켰다. CCTV 영상을 보면 사고견은 다른 들개들과 달리 A씨의 개 농장 주변만을 맴돌았다. 사고 직후 사고견을 처음 찾아낸 곳도 공장 출입구에서 작은 길을 따라 올라가면 나오는 개 사육장 축사 앞이었다.

실형이 선고된 데에는 증거인멸 정황이 결정적이었다. 사고 직후 A씨는 사고견의 주인을 찾는 경찰 수사가 시작됐음을 알아채고 C씨에게 연락했다.

"경찰 등에서 연락이 오면 그 개(입양견)는 병들어 죽었고 사체는 태워 없앴다고 진술해. 그리고 개를 넘기는 장면이 (차량) 블랙박스에 있을지 모르니 없애."

자신이 입양한 개의 흔적을 없애려는 시도였다. 사건 무렵 개 사육장에 드나든 C씨의 차량 블랙박스에 사육장에서 사고견을 키우는 모습이 찍혔을 것을 염려한 것이다. 실제로 C씨는 자신의 화물차에 장착된 블랙박스를 떼어내 A씨에 건네주고 그 대가로 A씨로부터 현금 32만 원을 받았다.

결론적으로 판사는 개를 찍은 사진과 전문가들의 소견을 종합해 입양견은 사고견과 두상, 털의 특성(직모), 귀 길이와 윤곽선, 크기, 수염돌기의 개수와 위치, 간격, 돌출된 수염의 패턴, 코 모양, 개체 사이즈 등이 매우 유사하다고 인정했다.

사건 다툼은 거기서 끝나지 않았다. A씨 측과 검찰 모두 항소했다. 하지만 2023년 4월 20일 의정부지방법원 4-3형사부는 원심의 판단에 수긍하며 항소를 모두 기각했다. 수사 당국의 요청에 따라 남양주시가 관리해오던 사고견은 동물권 보호 단체에 인계됐다.

5

구미 3세 여아 사망 사건

사라진 아이는 어디에?
원점으로 돌아간 사건 영구 미제로 남나

1

대법원은 길게 말하지 않았다. "추측"에 불과하다고 했다. 산부인과에서 바꿔치기가 일어났다고 한 정황들을 하나도 인정하지 않았다. 아기의 발목에서 식별띠가 빠지고 아기의 몸무게가 주는 것은 자연스러운 일일 수도 있지 않느냐고 했다. 한마디로 친자확인만으로 아이를 바꿔치기했다는 혐의가 인정될 수 없다는 것. '친모라는 점이 인정된다면 바꿔치기는 필연'이라고 한 하급심들의 판단이 무색했다. 현장에 투입된 수사 인력만 해도 구미경찰서 4개 팀과 경북경찰청 강력범죄수사대 7개 팀이었다. 악몽은 길었지만 실속은 없었다.

사건의 장본인인 석씨가 전혀 입을 열지 않으면서 숨진 아이가

경북 구미 3세 여아의 친모로 지목된 석씨가 2022년 3월 11일 대구지방법원 김천지원에서 열린 영장실질심사를 마치고 법정에서 나오고 있다. 사진 한국일보

왜 언니의 딸로 살다 죽음에 이르렀는지, 김씨가 낳은 딸은 어디서 어떻게 살고 있는지 알 길이 없어졌다. '두 엄마'에게 버림받아 숨진 아이와 달리 사라진 아이는 행복하게 살고 있을까. 답은 석씨만 알고 있다.

2021년 2월 10일 오후 3시쯤 경북 구미 상모사곡동 한 빌라에서 세 살 여자 아이가 숨진 채 발견됐다. 사체는 부패가 상당히 진행된 상태였다. 같은 빌라에 사는 아이의 외할머니가 딸의 집에 올라갔다가 안방 바닥에 쓰러져 있는 아이를 발견했다. 경찰 신고는 외할아버지가 했다. 외할머니는 "계약이 다 됐다며 집을 빼달라는 집주인의 연락을 받고 짐을 정리하러 갔는데 외손녀가 숨겨 있었다"고 했다. 방은 난방이 전혀 안 돼 있었다.

아이 엄마인 김씨(22세)는 곧 경찰에 붙잡혔다. 아이의 친부는 오래전 이혼해 집을 나갔고 자신은 6개월 전쯤 숨진 아이를 그대로 둔 채 다른 남성을 만나 인근 빌라로 이사했다고 했다. 또 자신의 부모에게는 아이가 집에 혼자 있다는 사실을 알리지 않았다고 진술했다.

"전 남편의 아이라 보기 싫었다. 전 남편과 오래전에 연락이 끊겼고 경제적으로도 힘들었다."

아이가 죽었다고 생각한 뒤에도 김씨는 양육수당과 아동수당을 꼬박꼬박 챙겼다. 경찰은 정확한 사인을 밝히기 위해 국립과학수사연구원에 시신 부검을 의뢰했다.

김씨의 휴대폰에 아이의 사진이 남아 있었다. 사진을 통해 그가 2020년 8월에 이사할 당시 아이가 살아 있었음이 확인됐다. 즉 김씨는 2020년 5월 재혼한 남성의 집으로 전입신고를 하고부터 아이를 방치하다 이사한 뒤에는 아예 발길을 끊었다. 아이는 그해 무더위 속에서 홀로 빌라에 남아 아무것도 먹지 못하고 굶어 숨겼다. 더 나아가 그해 초부터 전기 요금이 미납돼 한전 측이 5월에 단전한 것을 보면 김씨는 5월 이전에도 전기 없이 살면서 수시로 장기간 집을 비웠을 개연성이 컸다. 김씨는 거처를 옮기면서 재혼한 남성의 아이를 출산했다.

경찰은 김씨가 세 살배기 딸을 수개월간 홀로 방치해 숨지게 했다고 보고 살인과 아동복지법 위반(아동방임), 아동수당법 위반(아동수당 부정수령), 영유아보육법 위반(양육수당 부정수령) 등 혐의를 적용해 사건을 검찰에 송치했다.

사건은 그렇게 철없는 엄마의 무책임한 범행으로 마무리되는 듯했다. 그런데 검찰에 송치할 무렵 경찰은 중요한 사실에 대해 함구하고 있었다. DNA 검사 결과 숨진 아이와 김씨가 모녀 관계가 아닌 것으로 밝혀졌다. 이후 주변 인물들까지 검사를 확대한 상태였다. 그리고 최종적으로 외할머니로 알려져 있던 석씨(49세)가 아이의 친모라는 사실을 확인했다. 집주인의 요청에 딸네 집을 찾았다 아이의 시신을 발견하고 경찰에 신고하게 한 바로 그 외할머니 말이다.

'충격'이나 '엽기'라는 말로는 부족한 반전이었다. 혹시나 해서 검사를 세 차례나 했지만 결과는 바뀌지 않았다. 석씨는 당시 자신을 숨진 아이의 '외할머니'라고 밝혔었다. 이들에게 무슨 말 못 할 가족사가 있을까.

경찰은 석씨와 김씨 모녀의 임신과 출산 시기가 비슷해 친딸이 바뀐 채 양육된 것으로 보고 김씨가 출산한 아이의 소재를 쫓았다. 숨진 아이의 사망 원인은 부검 결과 밝혀지지 않았다.

2

"(바꿔치기한) 아이는 어디 있습니까?"

"난 모른다고요. 나는 상관없다고요."

2021년 3월, 숨진 아이의 외할머니로 알려졌다 친모로 드러난 석씨에게 전 국민의 관심이 쏠리고 있었다. 석씨는 진짜 외손녀의 행방을 묻는 질문에 자신은 무관하다며 입을 다물었다. 석씨가 결백을 주장하는 사이 김씨가 낳은 아이의 행방은 초미의 관심사가 됐다. 아무도 석씨가 자신이 낳은 딸과 외손녀를 바꿔치기한 이유를 알지 못했다. 김씨는 숨진 아이가 자신의 딸인 줄 알고 있었다. 경찰이 유전자 검사 결과를, 즉 숨진 아이가 딸이 아니라 여동생이라는 사실을 알려주자 "그럴 리 없다"며 크게 놀랐다.

경찰은 석씨에 대해 '미성년자 약취' 혐의(김씨가 낳은 아이를 빼돌린 혐의)를 적용한 가운데 정확한 사건 경위를 밝히기 위해, 김씨가 출산한 아이를 찾는 한편 석씨의 친자로 확인된 숨진 아이의 생물학적 부친을 찾는 데 수사력을 집중했다. 석씨의 남편은 아니었다. 그러던 중 석씨가 밀접하게 접촉했을 가능성이 높은 남성들을 상대로 DNA 검사를 했다.

석씨가 아이를 낳았다는 병원 기록은 전혀 남아 있지 않았다. 임신과 관련해 산부인과를 다닌 진찰 기록도 찾지 못했다. 석씨의 가족이나 주변 사람들은 그가 임신하고 출산한 사실 자체를 모르고 있었다. 출산 사실을 감춰야 할 말 못 할 사정은 무엇일까. 경찰은 바꿔치기 과정에 조력자가 있었을 것으로, 그리고 그 조력자는 숨진 아이의 생물학적 부친일 가능성이 높다고 봤다.

경찰은 바꿔치기한 김씨의 아이를 보육원 등에 맡겼거나 최악의 경우 살해해 암매장했을 가능성도 열어두고 행방을 추적했다. 또 생물학적 부친을 가리기 위해 유전자 검사 대상을 확대했다. 하지만 숨진 아이의 유전자와 일치하는 경우는 나타나지 않았다.

수사팀은 난감했다. 석씨가 의도치 않게 아이를 낳았다면 그냥 보육원 등에 맡기면 될 텐데 왜 굳이 김씨가 낳은 아이와 바꿔치기 했을까. 일각에선 석씨가 딸을 출산한 뒤 자신의 출산 사실을 감추기 위해 김씨의 딸로 위장하기로 모녀간에 합의했을 가능성도 배제하지 않았다. 그 경우 김씨가 아이를 방치한 동기가 좀 더 선명해진다. 20대 초반 나이에 여동생을 딸처럼 키운다는 게 견디기 어려웠을 수 있다. 물론 친부는 이번 사건을 몰랐을 것으로 진단하는 전문가도 있었다. 다른 전문가는 석씨의 남편이 아내의 임신·출산을 모른다고 하는 건 거짓말일 가능성이 크다고 진단했다.

경찰은 민간 산파와 위탁모를 수소문하는 한편 아이가 이미 숨졌을 가능성을 고려해 최근 3년 내 발생한 영아 사망 기록도 살펴봤다. 김씨는 2018년 3월 30일 구미의 한 산부인과에서 여아를 출산하고 출생 신고까지 한 사실이 확인됐다.

팩트는 누군가 석씨의 아이와 김씨의 아이를 바꿨고 석씨의 친자가 사망했으며 김씨가 출산한 아이의 행방은 알 수 없다는 것. 수사는 거기서 더는 앞으로 나아가지 않았다. 석씨의 자백이 절대적인 상황에서 그는 "아이를 낳은 적이 없다"고 계속 부인했다. 자백과 물증을 확보하는 데 실패하면서 수사는 꼼짝없이 미궁에 빠져들었다.

사건은 상식으로 이해할 수 없는 일의 연속이었다. 20~30년 강력 사건을 맡아온 형사들도 혀를 내둘렀다. 어린 나이에 출산해 양육하던 도중 재혼하며 세 살도 안 된 아이를 그대로 두고 갔다는 점, 바로 아래층에 산다는 친정 부모가 집주인의 연락이 올 때까지 반년간이나 몰랐다는 점, 숨진 아이가 딸의 딸이 아니라 '외할머니'의 딸이라는 점, 더구나 함께 사는 남편이 배우자의 임신·출산 사실을 몰랐다고 한 점 등.

"제발 내 진심을 좀 믿어주셨으면 좋겠어요. 나는, 나는 아이를 낳은 적이 없어요. 진짜 낳은 적이 없어요."

석씨는 검찰에 송치되는 순간까지도 아이 바꿔치기는 물론 출산 사실조차 부인했다. 숨진 아이를 발견한 뒤 곧바로 신고하지 않은 사실이 새롭게 밝혀졌다. 석씨는 2월 9일 딸의 집을 찾아갔다가 숨진 아이를 발견했지만 하루가 지나서야 그의 남편이 경찰에 신고했다. 그 과정에서 시신을 은닉해 유기하려한 정황이 드러났다. 석씨는 김씨에게 전화해 오게 했다. 김씨는 별다른 말 없이 울음을 터뜨렸다.

"내가 대신 아이를 좋은 곳으로 보내줄게."

하지만 석씨는 시신을 종이상자에 담아 어디론가 옮기려다 바람 소리에 놀라 원래 상태로 놓고 이불만 덮어두고 나왔다. 경찰은 석씨를 미성년자 약취 및 사체은닉 미수 혐의로 검찰에 송치했다.

경찰은 김씨가 아이를 낳은 산부인과에서 발찌가 풀어진 신생

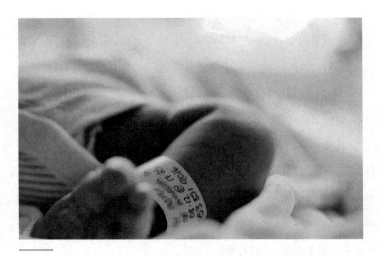

신생아의 발목에 산모의 이름이 적힌 인식표가 달려 있다. 산부인과에서는 아기가 태어나면
곧바로 산모의 이름 등의 인적 사항을 담은 발찌를 부착한다.

아의 사진도 확보했다. 산부인과에서는 아기가 태어나면 산모 이름과 출생일, 성별 등 인적 사항을 담은 인식표를 붙인다. 주로 아기가 누워 있는 바구니 등에 표시하고 팔목과 발목에는 띠 형태로 부착한다. 비슷비슷하게 생긴 신생아를 구별하는 중요한 표식이라서 병원 직원들도 함부로 끊거나 풀지 않는다.

경찰은 석씨가 아이를 바꾸려고 고의로 발찌를 푼 것은 아닌지 경위를 조사했다. 석씨는 김씨가 출산한 다음 날 처음으로 산부인과를 방문했다. 직장 생활을 하던 그는 매일 퇴근하고 남편과 함께 산부인과를 찾아 딸 김씨와 아기를 살폈다.

또 경찰은 산부인과 의원의 기록에서 신생아 혈액 검사(A형)에 주목했다. ABO식 혈액형 조합상 B형(BB)인 김씨에게선 나올 수 없는 혈액형이었기 때문이다. 자신이 낳은 아이가 아니라 제삼자의 아이인 셈이다. 신생아의 혈액형은 숨진 아이의 혈액형과 같았다. 누가 봐도 그 제삼자는 석씨라는 게 합리적인 판단이었다. 게다가 해당 산부인과 의원은 혈액형 검사를 전문 업체에 의뢰해온 터라 검사 결과에 대한 신뢰도가 높았다. 이를 토대로 경찰은 석씨가 처음 산부인과를 찾은 2018년 3월 31일 오후 5시 30분쯤부터 신생아 혈액 검사 이전인 4월 1일 아침 8시 15분쯤 사이에 아이를 바꿔치기한 것으로 추정했다.

대구지방검찰청 김천지청은 대검찰청 국가디지털포렌식센터에 다시 유전자 검사를 의뢰했다. 결과는 국립과학수사연구원의 발표 내용과 동일했다. 유전자 검사는 경찰 수사 과정에서 3회, 검찰에서 1회, 총 4회에 걸쳐 실시됐고 결과는 모두 석씨와 숨진 아이가 모녀 관계라고 나왔다.

일각에선 숨진 아이나 김씨가 키메라 증후군일 수도 있다는 의혹이 제기됐다. 키메리즘chimerism은 한 개체에 유전자가 겹쳐져 한 사람이 둘 이상의 유전자를 갖는 돌연변이로 조직에 따라 서로 다른 DNA형이 혼합돼 있는 것처럼 관찰된다. 하지만 세계적으로도 보고된 바가 극히 드물 정도로 확률이 매우 낮다.

3

김씨는 첫 재판에서부터 자신에 대한 검찰의 공소사실을 모두 인정했다. 검찰이 징역 25년을 구형할 때도 김씨는 "주시는 벌을 달게 받겠다"며 순순히 고개를 숙였다. 2021년 6월 4일 대구지방법원 김천지원은 살인 혐의를 유죄로 인정해 김씨에게 징역 20년을 선고했다.

하지만 김씨는 기존 태도를 버리고 형이 무겁다며 항소했다. 2021년 9월 16일 대구고등법원도 1심과 마찬가지로 징역 20년을 선고했다. 이후 대법원 상고를 포기해 형이 확정됐다.

석씨에 대한 첫 재판에서 재판부는 검사에게 '석씨가 어떤 식으로 아이를 바꿔치기했나?'라며 구체적 경위를 물었다. 검사는 "명확히 특정하지 못했다"며 짧게 한숨을 쉬었다. 석씨가 산부인과 내 산모와 아기가 같이 머무는 '모자동실'에서 아기를 바꿨다는 식으로 시간과 장소를 제기했을 뿐이다. 구체적인 방법과 동기를 말하지 못했다.

다음 공판에서 아이 바꿔치기의 새로운 증거가 나오지 않을까 기대를 모았지만 그런 것은 없었다.

"DNA 검사 결과는 인정하지만 그것이 아이 바꿔치기는 물론 출산 사실을 인정하는 것은 아니다."

석씨 측은 출산하지 않았다는 기존 입장을 되풀이하면서도 숨진 아이와 석씨가 친자 관계라는 국립과학수사연구원의 감정 결과에 대해선 '증거'로 동의하는 모순적 태도를 보였다. 'DNA 검사 결과는 증거로 사용할 수 있지만 그것이 석씨의 출산 사실을 증명할 수는 없다'는 입장이었다. 유전자 검사 결과는 인정하지만 출산은 하지 않았다? 재판부가 친자라는 것까지는 받아들일 개연성이 높은 가운데 정황증거에 그치는 증거력의 한계를 간파한 듯했다.

유례없는 모순 어법은 그날부터 재판정에 깊이 깔렸다. 검찰은 또다시 아이가 바꿔치기됐다는 여러 간접증거를 재판부에 제시해야 했다. 병원에서 아기의 체중이 3월 31일 3,460킬로그램에서 4월 1일 3,235킬로그램으로 하루 만에 0.225킬로그램 급감한 점, 아기의 발목에서 식별띠가 빠져 있던 점 등. 산부인과 전문의들은 배변이나 분유 섭취량 등에 따라 매일 조금씩 차이가 날 수 있지만 특별한 질병도 없는데 신생아의 체중이 하루 만에 0.225킬로그램이나 줄어드는 것은 있을 수 없다고 했다.

결심공판에서도 양측은 평행선을 달렸다. 검찰은 석씨가 출산한 증거로 유전자 분석 결과와 생리대 구입 중단, 보정속옷 구매, 체중 증가, 임신 출산 관련 애플리케이션 설치, 출산 관련 영상 시청, 직장 조퇴 및 결근 등을 들었다.

석씨는 다니던 회사를 2018년 1월 27일 퇴사해 같은 해 2월 26일 재입사했다. 당시 회사에서 "근무 기간이 1년도 안 돼 퇴직금이 지급되지 않으니 좀만 더 일하라"고 만류했는데도 퇴사했다. 하지만 석씨는 2018년 3월을 전후해서는 "직장을 그만둔 기억이 없다"고 진술했다. 그렇게 퇴사해야만 할 특별한 사정은 무엇이었을까. 검찰은 당시 석씨가 임신이나 출산 준비를 하러 퇴사한 것이라고 주장했다.

석씨는 휴대폰에 임신부들이 주로 이용하는 앱을 설치한 기록이 나왔는데도 "앱을 다운받은 기억이 없다"고 부인했다. 그 밖에 매번 인터넷 쇼핑몰을 통해 생리대를 구입하다가 2017년 7월부터 2018년 7월까지는 구매한 내역이 존재하지 않고, 2017년 7월 가슴 축소 브래지어와 보정속옷을 주문해 착용한 사실이 확인됐다.

또 김씨가 출산한 산부인과는 신생아실이나 입원실이 있는 2층과 3층은 건물 후문으로 들어가 접수대를 거치지 않고 출입할 수 있는 구조로 돼 있었고 후문은 늘 열려 있어 밤늦게도 자유롭게 출입할 수 있었다. 소속 간호사의 증언처럼 "혼자서도 신생아를 바꾸려고 마음만 먹는다면 충분히 바꿀 수 있는 구조"였다.

검찰은 석씨에게 징역 13년을 구형했다. 석씨는 최후진술에서 미리 준비한 원고를 읽었다.

"진실은 송곳과도 같다고 한다. 반드시 사건의 진실을 밝혀달라."

2021년 8월 17일 1심 재판부는 아이를 바꿔치기한 사실과 숨진 아이를 발견한 뒤 시신을 감추려 한 혐의를 모두 인정해 석씨에게 징역 8년을 선고했다. 징역 8년은 통상적인 약취유인 사건의 형량보다 크게 높았다. 석씨는 충격을 받은 듯 한동안 자리에서 일어나지 못했다.

"피고인은 부인하고 있으나, 친모라는 점이 인정된다면 바꿔치기는 필연이며, 유전자 검사는 국제적으로 신뢰성 있는 검사법으로 친모가 아닐 확률은 없다."

재판부는 석씨가 숨진 아이의 친모가 아닐 확률은 현실적으로 존재하지 않는다고 판단했다. 석씨가 숨진 아이의 친모라는 사실이 인정되면, 사라진 아이가 존재하고 어느 시점에서 두 아이가 바꿔치기됐다는 결론이 '필연적으로' 도출된다고 했다.

석씨 측이 출산 사실을 부인하는 근거로 내세운 키메리즘은 오히려 역효과를 냈다. 재판부는 키메리즘이 실제 친자 관계인데도 아닌 것으로 판정되는 경우는 설명할 수 있어도 친자 관계가 아닌데도 우연히 친자 관계로 나오는 경우까지 설명할 수는 없다고 했다.

재판부는 석씨가 보정속옷을 입은 시점과 가족들과의 접촉 시간 및 횟수를 감안할 때 가까운 가족일지라도 임신 사실을 알아채기 어려웠으리라고 판단했다. 결국 석씨가 2018년 3월쯤 아이를 출산했다고 봤다. 범행 동기에 대해선 '딸이 출산한 아이보다 자신이 출산한 아이를 더 가까이에 두고 지켜보고 싶다는 마음'으로 딸이 양육하게 하려고 바꿔치기했다고 판단했다.

더 나아가 석씨가 숨진 아이의 친모라는 사실이 확실한 이상, 그가 사건 산부인과에 자신의 아이를 어떻게 데려가고, 바꿔치기한 뒤에는 외손녀를 어디로 어떻게 데려갔는지 등 범행 전후의 세부적 연결 고리나 방법까지 빠짐없이 증명할 필요는 없다고 했다. '필연적'이라는 말은 그런 뜻이었다.

2022년 1월 26일 항소심 재판부도 석씨에게 1심과 같은 징역 8년을 선고했다. 1심과 마찬가지로 항소심도 석씨가 임신하고 출산했음을 증명하는 데 몰두했다. 2017년 7월 한의원을 찾아 명치가 막힌 느낌을 호소하고 대중목욕탕 이용을 중단하는 등 석씨가 임신한 상태였음을 보여주는 정황들을 추가로 끌어모았다.

그렇지만 2022년 6월 16일 대법원은 예상을 뒤엎고 제동을 걸었다. '미성년자 약취' 유죄 부분을 파기 환송했다. 무엇보다 DNA 검사 결과는 석씨가 친모라는 사실만 증명할 뿐 아이를 바꿔치기했다는 사실까지는 증명하지 못한다고 선을 그었다.

"유전자 감정 결과는 숨진 여아를 석씨의 친자로 볼 수 있다는 사실을 증명하는 것에 불과하다. 유전자 감정 결과의 증명력이 아이를 바꿔치기하는 방법으로 약취했다는 사실까지 직접 미치지 않는다."

즉 하급심에서 유죄 판단의 핵심 근거였던 유전자 감정 결과가 범행 증거로 '직결되지' 않는다면 아이 바꿔치기 과정에 대한 검찰의 증명은 허술할 수밖에 없다. 그렇다면 범행 전후의 연결 고리를 다시 세세히 따져봐야 한다. 일테면 대법원이 환기한 하나의 팩트, 범행 전까지 석씨가 낳은 아이의 존재에 대해 아는 사람이 그 말고는 아무도 없었고 범행 후 사라진 아이에 대해 아는 사람은 아무도 없다는 것. 범행 앞뒤에 드리운 커다란 공백을 어떻게 할 것이냐는 어투는 지속된다.

대법원은 "아이를 바꿔치기했다는 사실이 인정된다고 해도, 과연 김씨의 의사에 반해 약취 행위를 했는지 추가 심리할 필요가 있다"고 강조했다. 사라진 아이의 친권자인 김씨의 의사에 반하지 않는 어떤 사정이 있다면 약취 행위로 평가되지 않을 수 있다는 것. 유죄 확정을 기대하던 사람들은 허를 찔린 듯했다.

더 나아가 대법원은 범행 동기를 반문했다. 항소심은 이번 범행의 목적과 동기를 정확히 알 수 없다고 말하며 "미성년자 약취에서 목적과 동기는 구성요건에 해당하지 않아 범죄 성립에 영향이 없다"고 했지만, 대법원은 그게 그렇게 간단하지 않다, 간접증거만 있는 사건에서는 중요하다고 했다.

석씨가 자신의 출산 사실을 감추려는 마음에서 가족들 몰래 출산할 수는 있어도 이후 김씨가 낳은 자신의 손녀를 가족들 몰래 키우거나 유기해야 하므로 그것만으로는 충분한 범행 동기가 되지 못한다. 1심은 '딸이 출산한 아이보다 자신이 출산한 아이를 더 가까이에 두고 지켜보고 싶다는 마음'을 들었으나, 일반적으로 딸과 손녀 각각에 대한 애정 간의 차이가 가족들을 모두 속이고 바꿔치기를 감행할 만큼 그렇게 큰지 의문스럽다.

대법원은 범행 동기는 물론, 범행 추정 시점의 산부인과 상황, 석씨의 근무 상황, 퇴사 이후 재입사한 이유 등 연결 고리가 불분명하다고 지적했다. 일테면 원심이 아기의 몸무게가 급격히 빠진 것은 주목하면서 그날 이후 다시 증가하기 시작한 추이는 간과하고, 아기의 식별띠가 가끔 떨어지기도 한다는 다른 간호사의 증언은 지나쳤다는 것이다. 또 해당 산부인과 의원은 신생아실 입구까지는 출입이 자유롭지만 거기서 아기를 데리고 가는 데는 상당한 절차와 자격이 요구된다는 진술도 있었다.

석씨가 2018년 1월 27일 공장을 그만둔 이유도 초과 물량에 매일 연장근무를 요구하는 회사의 사정 때문이 아닌지 살펴볼 필요가 있다. 재입사 시점인 2월 26일은 출산이 임박한 무렵인데 굳이 그때 재입사했다는 점도 설명되지 않는다.

이후 파기환송심은 5번째 유전자 검사까지 진행하며 처음부터 다시 살펴 사실관계에 최대한 접근하려고 노력했다. 추가 입증에 나선 검찰이 별다른 증거를 제시하지 못하면서 2023년 2월 2일 파기환송심은 아이를 바꿔치기한 혐의는 무죄로 판단하고 사체은닉 미수 혐의만 적용해 석씨에게 징역 2년에 집행유예 3년을 선고했다.

그 판결로 수감돼 있던 석씨는 풀려났다. 검찰이 재상고했지만 대법원의 두 번째 판단도 다르지 않았다. 2023년 5월 18일 대법원은 파기환송심의 결론을 확정했다.

김씨는 아이가 24개월이 되던 2020년 3월부터 반년간 빵 6~10개에 죽 1개, 우유 4개가량을 방 안에 두고 나왔을 뿐 제대로 돌보지 않았다. 재혼 후 임신해 배가 불러온 뒤에는 이마저도 갖다 주지 않았다. 석씨는 김씨가 살던 빌라의 바로 아래층에 살면서 딸이 이혼하고 다른 남자와 살며 임신까지 한 사실을 알고도 딸의 사정을 살피지 않았다. 아이가 태어난 뒤 김씨에게 위층으로 이사를 오도록 권유한 사람도 석씨였지만, 딸이 집세와 각종 공과금을 체납한 사실을 알고도 무관심했다.

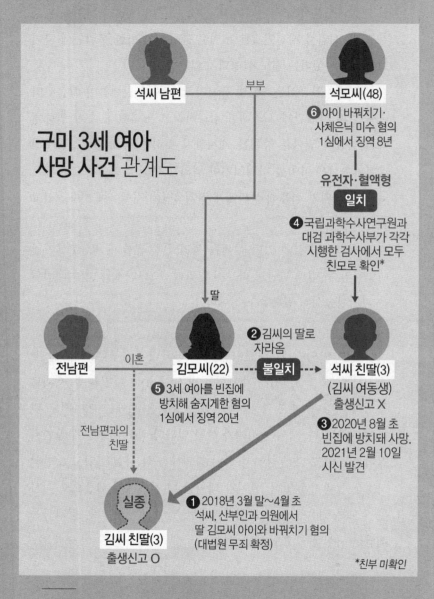

구미 3세 여아
사망 사건 관계도

석씨 남편 ──부부── 석모씨(48)

❻ 아이 바꿔치기·
사체은닉 미수 혐의
1심에서 징역 8년

유전자·혈액형
일치

❹ 국립과학수사연구원과
대검 과학수사부가 각각
시행한 검사에서 모두
친모로 확인*

전남편 ──이혼── 김모씨(22) ❷ 김씨의 딸로
자라옴
불일치 ╌╌▶ 석씨 친딸(3)
(김씨 여동생)
출생신고 X

❺ 3세 여아를 빈집에
방치해 숨지게한 혐의
1심에서 징역 20년

❸ 2020년 8월 초
빈집에 방치돼 사망.
2021년 2월 10일
시신 발견

전남편과의
친딸

실종

김씨 친딸(3)

출생신고 O

❶ 2018년 3월 말~4월 초
석씨, 산부인과 의원에서
딸 김모씨 아이와 바꿔치기 혐의
(대법원 무죄 확정)

*친부 미확인

사건 일지 _____

2021년 2월 9일	구미 한 빌라에서 아래층에 사는 '외할머니' 석씨, 숨진 3세 여아 발견.
2월 10일	석씨 남편이 경찰에 신고.
2월 12일	구미경찰서, 김씨를 아동복지법 위반 등 혐의로 구속.
2월 19일	경찰, 김씨를 살인 등 혐의로 검찰에 기소 의견 송치.
3월 초	경찰, DNA 검사 결과 "친모는 김씨가 아니라 석씨."
3월 10일	대구지방검찰청 김천지청, 김씨를 살인 등 혐의로 구속 기소.
3월 11일	경찰, 친모로 밝혀진 석씨 '미성년자 약취' 등 혐의로 구속.
3월 17일	구미경찰서, 석씨를 기소 의견으로 검찰에 송치.
4월 5일	대구지방검찰청 김천지청, 석씨 미성년자 약취 및 사체 은닉 등 혐의로 구속 기소.
6월 4일	대구지방법원 김천지원, 살인죄 등 김씨에게 징역 20년 선고.

8월 17일 대구지방법원 김천지원, 미성년자 약취 등 석씨에게 징역 8년 선고.

9월 16일 대구고등법원, 김씨에게 징역 20년 선고.

2022년 1월 26일 대구지방법원, 항소심도 석씨에게 징역 8년 선고.

6월 16일 대법원, 석씨 미성년자 약취 유죄 부분을 파기환송.

2023년 2월 2일 파기환송심, 미성년자 약취 혐의 무죄, 사체은닉 미수 혐의로 석씨에게 징역 2년에 집행유예 3년 선고.

5월 18일 대법원, 석씨 파기환송심 판결 확정.

6

인천 백골 모친 방치 사건

엄마 백골과 함께 2년 5개월,
가족들 연락은 메시지 11개가 전부였다

형법상 사체유기죄는 7년 이하 징역형에 처해진다. 보호를 받는
노인을 방임하면 노인복지법에 따라 5년 이하 징역 또는 5000만
원 이하 벌금에 처해진다. 하지만 어머니의 시신을 백골 상태로
2년 넘게 집에 방치하고 생전에 아픈 어머니를 방임한 딸을 법원
은 선처했다. 어머니 앞으로 나온 국민연금 급여와 기초연금을 부
당 수령한 사실까지 드러났지만 집행유예를 선고한 것이다. 그에
게 징역 3년을 구형한 검찰도 이례적으로 항소를 포기하면서 형이
그대로 확정됐다. 딸에게 무슨 사연이 있었기에 법원과 검찰은 교
도소로 보내지 않고 집으로 돌려보냈을까.

정씨(48세)는 2016년 9월 23일부터 인천 남동구 한 빌라에서 어머니(78세)와 단둘이 살았다. 6남매 가운데 셋째 딸인 정씨를 제외하면 모친을 찾아오는 자녀는 없었다. 정씨의 언니인 둘째 딸만 가끔 연락했을 뿐 다른 자녀들은 연락도 하지 않았다.

정씨는 어머니와 함께 살면서 정기적으로 병원에 데리고 가 당뇨병 약을 처방받았다. 병원에서 어떤 검사를 받고 결과는 어땠는지, 무슨 음식을 먹고 상태가 어땠는지를 메모하며 보살폈다. 정씨가 따로 일을 하지 않아 생활은 어머니가 지급받는 월 60만 원 정도의 국민연금과 기초연금으로 했다. 어려운 형편은 어머니의 몸 상태가 양호했을 때는 괜찮았지만 건강이 급속히 악화하면서 큰 부담이 됐다.

어머니는 2020년 8월 2일부터 움직이거나 음식을 먹지 못할 만큼 건강이 나빠졌다. 정씨는 어머니를 병원으로 데려가려고 했지만 어머니가 '돈이 없으니 가지 않겠다'고 고집을 부리는 바람에 집에 머물게 됐다.

나흘 뒤인 8월 6일 밤 11시 50분쯤 자신의 방에서 깜박 잠이 들었다가 깬 정씨는 어머니가 있는 안방으로 들어갔다. 어머니는 숨을 쉬지 않았다. 놀란 정씨는 어머니의 휴대폰으로 형제자매에게 전화했으나 아무도 받지 않았다. 바로 위 언니 등에게 "엄마가 돌아가셨어"라는 음성메시지를 남겼으나 답은 없었다.

혼자 남겨진 정씨는 경찰에 신고하지도 사망 사실을 지방자치단체에 알리지도 않았다. 그리고 어머니의 시신을 안방에 그대로

정씨가 문을 열어주지 않는다고 여동생이 경찰에 신고하면서 119구조대가 출동해
현관문을 강제로 열고 들어갔다. 사진 YTN 뉴스 캡처

방치했다. 어머니 앞으로 나오는 국민연금 급여와 기초연금으로
생활하며 전화를 차단하고 집에 찾아오는 사람이 있어도 문을 열
어주지 않았다.

　그러던 중 어머니가 사망한 지 2년 5개월여가 지난 2023년 1월
11일 넷째 딸이 경찰에 신고했다. 연락이 안 되니 한번 찾아가보
라는 둘째 언니의 권유에 찾아온 것이었다.

　"엄마와 연락이 닿지 않아 집에 왔는데 함께 사는 셋째 언니가
문을 열어주지 않는다."

　비좁은 골목 사이로 119구조대 차량이 들어섰다. 경찰 감식반
도 출동해 분주히 오갔다. 구조대가 강제로 현관문을 열고 들어갔
을 때 안방에 이불로 덮여 있던 시신은 참혹하게 백골이 돼 있었

다. 부패가 극심해 이불이 떨어지지 않았다.

　어머니가 숨지고 백골 상태로 발견될 때까지 2년 5개월간 그의 휴대폰으로 온 자녀들의 연락은 둘째 딸의 문자메시지 10통과 음성메시지 1통이 전부였다. 그마저도 2021년 4월 1일이 마지막이었다.

　경찰은 집 안에서 '엄마가 숨을 쉬지 않는다. 2020년 8월'이라고 쓴 쪽지를 찾아냈다. 정씨는 시신 근처에서 턱을 괸 채 앉아 있었다. "따님 본인이 쓴 게 맞느냐?"는 경찰의 말에 묵묵부답이던 정씨는 이내 희미하게 고개를 끄덕였다.

　"내가 쓴 게 맞아요."

　들릴 듯 말 듯 기어들어가는 목소리였다. 누가 봐도 내성적인 모습에 말이 느릿느릿했다. 경찰은 진술을 확보하자마자 바로 그를 긴급 체포했다. '엄마 시신과의 동거'는 그렇게 막을 내렸다.

　경찰은 정씨가 어머니의 연금을 계속 타기 위해 고의로 사망 신고를 하지 않았는지 조사했다. 정씨는 우선 "엄마가 사망하기 전에 병 때문에 아팠어요"라고 말했다. 그리고 "엄마 앞으로 나오는 연금이 끊길까 봐 사망 신고를 하지 않았습니다"라고 진술했다. 그것도 간신히, 드문드문 대답을 이었을 뿐 거의 말이 없었다. 경찰은 짧은 대답에서 간신히 긍정과 부정 의사만 확인할 수 있었다.

　시신에서 외상 흔적은 발견되지 않았다. 정씨가 어머니의 휴대폰을 사용한 사실은 확인됐지만 그가 모친이 살아 있는 것처럼 고의로 꾸민 정황은 나오지 않았다. 정씨는 어머니 명의로 된 휴대폰의 요금도 연체 없이 납부했다.

정씨는 어머니에 대한 사망 신고를 미룬 채 28개월간 매달 어머니 앞으로 나오는 기초연금 30만 원과 국민연금 20만~30만 원 등 총 1870만 원을 받아 썼다. 지방자치단체는 어머니의 사망 시점이 정확히 확인되는 대로 부당 수령 금액을 파악해 환수하기로 했다.

딸 넷과 아들 둘을 둔 어머니는 남편이 사망한 2000년 이후 주소지 이전이 잦았다. 2000년대 중반부터는 자녀들과 떨어져 살았다. 2011년 5월 기초생활수급자로 지정됐지만 오래가지 못했다. 2013년 9월 지방자치단체의 소득 재산 조사에서 부양의무자의 소득이 증가한 것이 확인되면서 수급 대상에서 탈락했다. 소득 조사가 이뤄진 2013년 당시에도 정씨는 '구직 중'이었다.

2016년 9월부터 어머니는 셋째 딸 정씨와 함께 인천 남동구의 한 빌라에 집을 구했다. 몸이 불편한 어머니는 주로 집에 있었고 정씨는 뚜렷한 직업 없이 아르바이트를 했다. 인근에 사는 주민들은 어머니가 당뇨병이 심해져 거동을 못 하기 전의 모습을 기억했다. 그때만 해도 어머니는 정정했다. 정씨는 다리가 아픈 어머니를 늘 부축하며 산책하거나 장을 보러 다녔다. 거동이 불편해지기 전까지는 어머니가 정씨를 보살폈다.

정씨는 말수가 적고 낯을 유난히 가려 이웃과 교류가 거의 없었다. 사실 정씨가 어머니 집에 얹혀산 셈이었다. 그들은 세상에 단

둘만 남은 사람들 같았다. 어쩌면 세상과 떨어져 사는 사람들 같았다. 친척이나 친구가 그들이 사는 집을 찾아온 적이 없었다.

2020년 코로나19가 확산하면서 두 사람은 세상과 더 멀어졌다. 언제부턴가 어머니가 안 보이고 정씨 혼자 외출하는 모습이 목격됐지만 이상히 여기는 이웃은 없었다. 일대는 아침 일찍 출근해 저녁 늦게 퇴근하는 이웃들이 많고 서로 왕래가 없었다.

2022년 11월 조사원이 주민등록 사실조사를 위해 집을 찾았을 때 정씨는 문을 열어주지 않았다. 걸려 오는 전화는 받았는데 정씨는 조사원에게 "엄마는 죽었어요"라고 털어놨다. 조사원은 "그럼 사망 신고를 하시라"고 답하고는 그 사실을 관할 행정복지센터에 알리지 않았다. 사망 신고가 접수되지 않으면서 추가 조치도 이뤄지지 않았다.

같은 빌라에 사는 한 노인도 어머니의 상태를 간간히 전해 들었다. 2022년 초 이웃 노인이 "엄마는 잘 걸어 다니시냐?"고 물었을 때 정씨는 "엄마가 맨날 누워 있기만 해요"라고 대답했다. 백골 시신이 발견되기 두 달 전에 다시 어머니의 안부를 물었을 때 정씨는 "엄마, 죽었어요"라고 답했다. 이웃 노인은 그분이 돌아가셨다고만 생각했지 시신이 집에 남아 있을 줄은 꿈에도 몰랐다.

검찰은 사체유기, 노인복지법 위반(방임), 기초연금법 위반, 국민연금법 위반 혐의로 정씨를 구속 기소했다. 정씨의 변호인은 최후 변론에서 "피고인이 거동이 불편한 어머니에게 병원 치료를 권유했으나 거부해 치료를 못 한 것은 사실"이라면서도 "어머니가 수령하던 연금을 부정 수급할 목적으로 (사망 사실을) 은폐한 것은 결코 아니다"고 말했다.

"정씨는 어머니의 사망 사실을 확인하고 언니들에게 음성메시지를 보냈으나 응답이 오지 않았다. 피고인이 자포자기 상태로 혼자 사회적으로 고립됐다는 점을 고려해 법이 허용하는 한도 내에서 최대한 관대하게 처벌해달라."

2023년 5월 14일 법원은 사체유기 등을 유죄로 인정하면서도 이례적으로 정씨에게 실형이 아니라 징역 2년에 집행유예 3년을 선고했다.

"당시 자포자기의 심정으로 함께 죽어야겠다는 생각에 경찰에 신고하거나 모친에 대한 장례 절차를 밟지 않았고, 모친이 사망한 때로부터 약 2년 5개월 동안 전화나 외부인의 출입을 차단하고 집에 찾아오는 사람이 있어도 문을 열어주지 않고 생활한 것으로 보인다."

애초 징역 3년을 구형했던 검찰도 법원의 선처를 보고 항소하지 않기로 결정하면서 정씨의 집행유예형은 그대로 확정됐다. 검찰은 "정씨는 어머니를 수년간 홀로 보살폈고 어머니가 사망한 뒤 가족들에게 연락을 시도했으나 답변을 받지 못하자 고립된 생활을 한 것으로 보인다"고 설명했다.

"정씨에게 범죄 전력이 없고 잘못을 반성하고 있는 점, 만장일치로 항소를 제기하지 않아야 한다는 검찰시민위원회의 의견을 존중해 항소하지 않기로 했다."

　어머니의 연금 이외에는 아무런 생활비가 없던 정씨는 그 후 어떻게 됐을까. 관할 동 행정복지센터는 그의 자립을 돕기 위해 지원에 나섰다. 복지공무원이 집을 방문해 정씨로부터 기초생활수급자 신청을 받았다. 또 위기 상황에 처한 사람에게 한 달 지급하는 긴급생계비를 일단 급한 대로 신청해 정씨에게 지원했다. 끊어진 바깥세상과의 연결 고리가 다시 이어지기를 바라는 마음이었다.

7

세종 내연관계 직원 뇌출혈 방치 사망 사건

의식 잃고 쓰러졌지만 7시간 방치,
'내연관계 드러날까 봐 미필적 고의'

1

2019년 8월 17일 아침 6시 30분 국책 연구 기관의 40대 여성 연구위원 B씨가 사망한 채로 세종시 병원 응급실에 실려 왔다. 그런데 그를 병원에 데려온 사람은 직장 상사인 부원장 A씨였다. 경찰 조사에서 B씨가 쓰러진 뒤 무려 4시간이나 차에 태우고 시간을 끌다가 병원에 왔던 사실이 드러났다. 상사는 결국 1년 반 만에 살인 혐의로 재판에 넘겨졌다. 그날 새벽 무슨 일이 있었을까.

8월 16일 밤 10시

청바지에 검은색 티셔츠 차림의 여성이 세종 한 아파트의 엘리베이터에 들어선다. 버튼을 누른 층에서 내려서는 계단으로 2개

층을 더 올라가 남성의 집으로 들어간다.

8월 17일 오전 2시 12분

가방을 멘 남성이 여성의 겨드랑에 팔을 끼워 질질 끌고 집 밖으로 나온다. 사지가 축 늘어진 여성은 의식이 전혀 없어 보인다. 신발도 신고 있지 않다. 남성은 몸을 가누지 못하는 여성을 엘리베이터에 태우고 또 내리다가 발을 헛디뎌 함께 바닥에 넘어지기도 한다.

지하 1층까지 이동해서는 주차장 입구 바닥에 여성을 눕혀놓은 다음 차량을 그쪽으로 운전해 온다. 남성은 여성의 양쪽 손목을 잡고 차량 옆으로 질질 끌고 간다. 차량 뒷좌석에 여성의 상체를 걸쳐 놓은 채 차량을 운전해 조정하기를 반복하다 마침내 상체를 들어 올려 뒷좌석의 다리를 두는 부분(레그룸)에 던지듯이 밀어 넣는다.

오전 2시 46분

연구소 앞 공터 주차장에 도착해서는 차량을 주차한다. 그 주차장 내에서 또 위치를 바꿔가며 타고 내리기를 반복한다. 그 과정에서 레그룸에 방치돼 있는 여성은 점점 상태가 나빠진다.

새벽 5시 56분

차량을 운전해 자신의 집에 들른다. 옷을 갈아입고 나온 남성은 드디어 병원으로 향한다. 이때 연구소 주차장에서 쓰러져 있던 여성을 우연히 발견한 것처럼 가장하기 위해 그의 휴대폰에 두 차례 전화를 걸어 부재중 기록을 남긴다.

아침 6시 30분

남성의 아파트에서 병원까지는 차량으로 10분쯤밖에 걸리지 않았다. 병원 응급실에 도착하는 대로 여성을 인계한다. 남성은 의료진에게 "엊저녁까지 여성과 연락했으나 오늘 아침 연락이 되지 않아 아침 6시 20분쯤 연구소 주차장에 가보니 그가 차량 뒷자리에 쓰러져 있었다"고 말했다. 의료진에게서 B씨가 사망했다는 이야기를 듣고 A씨는 미처 예상하지 못했다는 듯이 오열한다.

8월 17일 아침 7시 무렵 B씨의 휴대폰으로 걸려 온 가족의 전화를 받은 사람은 응급실 의사였다. B씨가 사망한 채 병원에 실려왔다고 전하는 의사의 목소리는 건조해 차라리 현실 같지 않았다.

"사인은 비외상성 뇌출혈로 타살의 흔적은 보이지 않습니다."

B씨를 발견했다는 사람은 직장에서 10여 년간 함께 근무한 직장 상사 A씨. 우연히 토요일 이른 아침에 연구소 주차장에서 B씨를 발견하고 병원으로 데려왔다는 것이다.

사건 당시 찍힌 아파트 CCTV 영상을 들이미는 경찰 앞에서 A씨는 B씨를 우연히 발견한 것이 아니라 그 전날부터 11시간 동안 함께 있었다고 털어놓았다. CCTV 영상에는 아파트에서 정신을 잃은 B씨를 끌고 나오는 A씨의 모습이 고스란히 담겨 있었다. 8월

16일 밤 10시부터 8월 17일 오전 2시 12분까지, 4시간 동안 둘 사이에 무슨 일이 일어났는지 자초지종을 들어야 했다.

A씨는 같이 있었던 것은 맞지만 위급한 상황인지는 전혀 몰랐고 오히려 잠을 자는 줄 알았다고 주장했다. 8월 16일 밤 자신의 아파트에서 B씨에게 연구 과제에 대한 지시 사항을 전달했다. 그러다 밤 11시쯤 B씨가 화장실에서 구토를 하고 벽에 기대어 바닥에 주저앉아 있는 것을 보고 화장실 앞 거실 바닥에 눕혀 놓았다. B씨는 곧바로 코를 골았다. 자신은 한두 번 흔들어도 깨어나지 않자 B씨가 급체해 먹은 것을 게워내고 깊은 잠에 빠진 줄만 알았다. 자신도 안방에 들어가 1시간쯤 잠을 잤다. B씨가 계속 잠을 자자 시원한 곳으로 옮겨 바깥바람을 쐬게 하면 깰 것 같아 8월 17일 오전 2시 10분쯤 데리고 나왔다. 그리고 B씨를 그의 차량에 태워 연구소 주차장으로 갔다. 그곳에서 B씨가 잠에서 깰 때까지 기다렸다. 그러다 아침 6시 30분쯤 링거라도 놓아줄 생각으로 B씨를 병원 응급실로 데려갔다. 그때 비로소 B씨가 사망했음을 알게 됐다.

A씨는 피의자 신문을 받은 다음 날 연구소 부원장 직을 그만뒀다. 그리고 휴대폰을 버리고 충북 청주의 한 모텔에서 투신해 크게 다치기도 했다. 경찰은 A씨가 B씨를 7시간 넘게 방치해 숨지게 한 혐의가 있다며 불구속 기소 의견으로 검찰에 사건을 송치했다.

사건을 넘겨받은 검찰은 1년여간 수사한 끝에 위급 상황에서 마땅히 해야 할 구호 조처를 제대로 하지 않은 점에 살인의 미필적 고의가 있다며 2020년 12월 A씨를 기소했다. A씨는 의식을 잃은 B씨의 사망 가능성을 예상하고도 119에 신고하지도, 병원에 데려가지도, B씨의 휴대폰으로 걸려 오는 전화를 받지도 않은 채 3시간쯤 내버려두고, 오히려 B씨를 집 밖으로 끌고 나가는 과정에서 그를 바닥에 떨어뜨리고 4시간가량 차량 뒷좌석에 방치했다. 의식을 잃은 B씨가 자신의 집에서 발견될 경우 둘이 내연관계인 사실이 발각돼 자신의 명예와 사회적 지위가 실추되고 가족 관계가 파탄될 것을 우려해서다. 사망 추정 시각은 8월 17일 오전 4시부터 5시까지 사이였다.

A씨는 혐의를 부인했다. 우선 B씨와 내연관계가 아니었다고 했다. B씨를 제때 병원에 데려갔더라도 그 전에 뇌출혈로 인해 사망했을 가능성이 높아 구호 조치와 사망 간의 인과관계가 없고, B씨가 깊은 잠에 빠진 줄 알았기 때문에 살인의 고의가 없었다고 했다. 하지만 급박했던 순간 그토록 시간을 끈 이유가 불분명했고 사건 당시를 전후한 그의 행적은 의심쩍었다.

2

2021년 6월 24일 1심은 A씨에게 무죄를 선고했다. 사건 당일 뇌출혈은 출혈량과 출혈 부위 등에 비춰보면 빠른 시간 내에 사망에 이를 정도로 위중한 것이었다. B씨는 사망 직전 단계였다. 곧바로 병원으로 옮겨 응급조치를 받았더라도 살기 어려웠을 것이다.

검찰은 B씨에게 생존 가능성이 있었다고 주장하지만 8월 17일 오전 2시 12분에 B씨는 이미 사망했던 것으로 보인다.

B씨를 끌고 엘리베이터에서 내리다가 A씨가 B씨와 함께 넘어진 장면이 있는데 그때 B씨의 복부 부위에서 들쑥날쑥한 움직임이 확인됐다. 법의학자들은 그것을 사망 직전에 나타나는 '임종 호흡'으로 봤다. 그때 상당한 충격이 가해졌는데도 별다른 반사 반응이 보이지 않았다. 법의학자들은 사망 추정 시각을 공소사실에 적힌 사망 시각보다 이르게 8월 17일 오전 2시부터 3시까지 사이라고 판단했다.

부검의는 8월 16일 밤 11시 이후 화장실 앞 거실 바닥에 눕혀졌을 때부터 8월 17일 오전 2시 27분쯤 엘리베이터에서 나오다 쓰러지기 전까지 사이에 B씨가 사망했을 것으로 봤다. 나중에 법정에서는 8월 17일 오전 2시 12분에 이미 사망했던 것으로 보인다고 했다.

A씨도 당시 B씨가 치명적인 상황에 처해 있음을 잘 알고 있었다. B씨가 잠을 자는 줄 알았다는 주장은 거짓말이다. 아파트에 들어오기 전까지 멀쩡했던 사람이 갑자기 구토하고 의식을 잃고 쓰러졌는데 누가 잠들었다고 생각하겠나.

더 나아가 A씨는 당시 B씨가 '집에 있을 때부터' 치명적인 상황에 처했음을 알고 있었다고 봐야 한다. A씨는 B씨를 집 밖으로 끌고 나온 뒤 질질 끌고 다니는 등 그의 몸을 "물건처럼" 다뤘다. B씨의 상체를 놓치는 바람에 머리가 바닥에 떨어졌을 때도 그의 상태에 어떠한 주의나 관심도 보이지 않았다. 차량 뒷좌석의 좁은 레그룸에 B씨의 몸을 접어 밀어 넣었다. 회복하기 어려운, 치명적인 상황이라고 판단하지 않았다면 이처럼 A씨가 B씨의 몸을 "물건 취급하듯" 다룰 수 없었을 것이다. '집 밖으로 끌고 나오기 전에' 어느 순간 B씨가 살아날 가능성이 없다고 판단한 것이다. 즉 A씨의 행동은 이미 B씨가 사망한 상태임을 알고 계획적으로 꾸민 것이다.

"(A씨는) 날이 밝은 뒤에는 마치 오래전부터 계획해두었던 일정을 순서대로 실행하는 것처럼 주도면밀하게 행동했고 어떠한 주저함도 보이지 않는다."

특히 뇌출혈 증상이 처음 나타난 8월 16일 밤 11시부터 B씨를 집 밖으로 끌고 나온 8월 17일 2시 12분까지 3시간은 오로지 A씨의 진술에 의존한다. 검찰은 이때 B씨가 보인 증세의 경과에 대해 어떤 과학적 조사나 분석도 제시하지 않았다. 이 3시간 사이에 뇌출혈 증상이 서서히 악화돼 8월 17일 오전 2시 12분에야 비로소 사망 직전 단계에 이르렀는지, 아니면 8월 16일 밤 11시 직후 뇌출혈이 급격히 진행돼 곧바로 사망 직전 단계에 이르렀는지 확인할 객관적 자료가 없다.

부검의도 B씨는 비교적 짧은 시간(화장실에 들어간 뒤 화장실 앞 거실 바닥에 눕혀질 때까지)에 급격히 뇌출혈이 발생해 단시간 내에 사망했을 가능성을 배제할 수 없다고 했다. 수사에 관여했던 법의학자 또한 B씨의 뇌출혈이 3시간 동안 균일한 속도로 진행된 것이 아니라 증상이 처음 나온 뒤 출혈이 대량으로 발생했을 것으로 추측했다. 그렇다면 검찰이 제시한 증거들만으로는 A씨가 구호 조치를 하지 않은 것과 B씨의 사망 사이에 인과관계가 있다고 볼 수 없다.

정말 A씨에게는 B씨의 죽음에 대해 아무런 책임이 없을까? 항소심은 살인 혐의를 유죄로 인정해 A씨를 법정 구속했다. 2023년 1월 17일 대전고등법원은 1심을 뒤집고 징역 8년을 선고했다.

8월 17일 오전 2시 12분 B씨는 사지가 축 늘어지고 의식이 없는 혼수상태였지만 여전히 자발적 호흡을 하고 있었다. 자발적 호흡이 가능했다는 건 119구급대가 출동했다면 살 여지가 있었다는 말이 된다. A씨의 아파트에서 인근 119안전센터까지 1.4킬로미터쯤 떨어져 있어 5~10분이면 도착할 수 있었다. 오전 2시 46분 연구소 주차장에 차량을 주차했을 때도 A씨는 B씨가 코를 골 듯 숨쉬는 소리를 들었다. 공소사실처럼 B씨는 오전 4시부터 5시까지 사이에 사망했다고 볼 수 있다.

재판부는 신경외과 전문의의 소견을 추가로 듣고 뇌출혈에 관한 의학 지식도 따로 섭렵했다. 뇌출혈의 증상 중 하나인 '코를 골 듯이 숨을 쉬는 증상'은 잠을 자는 것과 확연히 다르다. 일반인도 쉽게 알아볼 수 있다. 구호 조치를 하지 않고 환자를 그대로 내버려두면 몇 시간 안에 사망하리라는 것을 누구나 알 수 있다. 구호 조치는 그냥 하면 된다. 119에 전화하는 등 구호 조치를 하는 데 뇌출혈에 관한 지식이 따로 필요하지 않다.

A씨의 아파트에서 병원까지는 차량으로 10분쯤밖에 걸리지 않았다. 4시간이나 시간을 끌다가 도착했을 때 피해자는 이미 사망한 상태였다. 사진 한국일보

전문의는 엘리베이터와 주차장 CCTV에 나타나는 B씨의 상태는 매우 나쁘지만, 그의 나이와 자발적 호흡을 하는 점에 비춰볼 때 대량 출혈을 했더라도 개두술을 하는 경우 생존 확률은 10~20퍼센트 정도 된다고 했다. 그러면서 "생존 확률 10~20퍼센트는 작은 퍼센트가 아니다"고 덧붙였다.

A씨가 119에 신고했다면 B씨에 대한 개두술을 시행할 수 있었다. 그것도 신경외과 전문의라면 대개 할 수 있는 응급 개두술(지주막하 뇌출혈이 아니라)이었다. 적어도 B씨의 목숨을 건질 수 있는 개연성이 있었다.

그런 상태인데도 A씨는 긴급히 구호 조치를 하지 않고 B씨를 내버려두거나 오히려 "짐짝 취급하며" 차량에 태워 돌아다녔다. 즉 B씨가 어떠한 의료 조치도 받지 못하고 결국 사망하는 결과를 초래했다. 그렇다면 A씨가 119에 신고하는 조치 등을 하지 않은 부작위와 B씨의 사망 사이에 인과관계가 있다고 보는 게 맞다.

"A씨는 B씨가 살아나기보다는 오히려 죽어서 어떠한 진술도 하지 못해, 자신이 그의 죽음을 제대로 은폐할 수 있기를 더 바랐다고 볼 여지도 충분히 있다."

재판부는 A씨가 "피해자의 생명에 대한 구호 가능성을 차단하는 방법으로 피해자를 살해했다"고 결론 내렸다.

2023년 6월 29일 대법원은 A씨에게 징역 8년을 선고한 원심을 확정했다.

사건 일지 _____

2019년 8월 16일 밤 11시 B씨, A씨의 세종시 아파트를 갔다가 화장실에서 뇌출혈로 쓰러짐. A씨는 119에 연락하지 않음.

8월 17일 오전 2시 12분 A씨, 의식을 잃은 B씨를 집 밖으로 끌고 나와 지하 주차장에서 차량에 태움.

오전 2시 46분 A씨, 연구소 앞 공터 주차장에 도착해 차량 주차.

아침 6시 30분 A씨가 4시간 만에 세종시 병원 응급실에 데려갔지만 B씨는 이미 사망한 상태.

2020년 12월 말 대전지방검찰청, 살인의 미필적 고의가 있다며 A씨 구속 기소.

2021년 6월 24일 대전지방법원, A씨에게 무죄 선고.

2023년 1월 17일 대전고등법원, 살인죄 A씨에게 징역 8년 선고. A씨 법정 구속.

6월 29일 대법원, 원심 판결 확정.

세종 내연관계 직원 뇌출혈 방치 사망 사건

8

담양 세 모녀 가족 살인

두 딸 동의를 받고 살해?
그 뒤엔 20년 알고 지낸 사기꾼 있었다

1

2022년 3월 9일 오전 1시. 제20대 대통령 선거가 있는 날이었다.
광주광역시에 사는 A씨(49세)는 남편의 넥타이와 흉기를 챙겨 한
밤중에 집을 나섰다. 목적지는 평소 가족들이 자주 놀러 가던 전남
담양 모처. 24세, 17세 두 딸도 함께 따라나섰다. 얼마쯤 지났을까.
오전 2시 12분쯤 차량 뒷자리에 탄 A씨가 별안간 조수석에 앉아
있던 작은딸의 목을 넥타이로 졸랐다. 달리는 차 안이었다.

10분 뒤 차량을 주차하게 한 다음 이번에 A씨는 운전석에 앉아
있는 큰딸의 목에 넥타이를 감았다. 큰딸은 아무런 반항도 하지 않
고 덤덤히 엄마의 손길을 받아들였다. 흉기는 딸들이 죽지 않을 것
에 대비해 준비해둔 2차 살해 도구였다.

큰딸은 며칠 전 "함께 죽자"는 엄마의 제안에 동의한 터였다. 아무런 이야기도 듣지 못하다가 닥쳐서야 알게 된 작은딸도 처음엔 "죽기 싫다"고 버텼으나 결국 엄마의 설득을 뿌리칠 수 없었다. 세 모녀는 평소 유대 관계가 깊었다. 두 딸은 숨지기 직전 엄마에게 "사랑한다"고 했다. A씨도 곧 딸들 곁으로 가기 위해 극단적 선택을 시도했다.

A씨의 남편은 밤새 가족들과 연락이 되지 않자 그날 아침 8시쯤 경찰에 실종 신고를 했다.

"아내가 억대 투자금 사기를 당해 고소장을 제출한다며 전날 밤 딸들을 데리고 나갔는데 연락이 되지 않는다."

경찰은 휴대폰 위치 신호와 도로 CCTV를 통해 그들이 광주에서 담양으로 이동했음을 파악하고 수색에 나섰다가 차량을 찾아냈다. 오전 10시 8분쯤 담양의 한 공터에 주차된 승용차에서 두 딸이 숨진 채 발견됐다. 뒷좌석에서 발견된 엄마는 살아 있었다. A씨는 의식이 없는 상태에서 119구급대에 의해 대학병원으로 이송됐다. 차량에 외부인이 침입한 흔적은 없었다. A씨는 응급치료를 받고 목숨을 부지할 수 있었다.

일가족의 주변을 조사하던 경찰은 병원에서 깨어난 A씨로부터 사건의 전모를 들을 수 있었다. 사기를 당해 가계가 급격히 기울자 그런 상태에서는 아이들을 키울 수 없다는 비관적인 생각이 들어 함께 세상을 떠나기로 했다는 것이다.

A씨는 재판에 넘겨졌다. 2022년 11월 18일 1심 법원은 살인 혐

의를 인정해 그에게 징역 12년을 선고했다. 재판부는 "스스로 인생을 살아갈 두 딸의 기회를 박탈하고 생을 마감하도록 한 행동은 어떤 변명으로도 정당화하기 어렵다"며 엄마를 꾸짖었다.

평범했던 가정이 풍비박산이 나자 지역사회도 적잖이 충격을 받았다. "어떻게 엄마가 딸들을…"이라며 비정한 친모의 범행이 연일 입방아에 올랐다. 반전은 그다음이었다. 세 모녀의 극단적 선택 이면에 사기꾼 B씨(52세)가 있다는 사실이 뒤늦게 알려진 것이다.

비극은 7년 전에 싹텄다. A씨는 2015년 같은 아파트 주민이자 큰딸의 중학교 친구의 학부모인 B씨로부터 솔깃한 제안을 받는다. B씨는 "법인 회사에서 일하는데 돈을 맡기면 다달이 3.3퍼센트 이자를 주겠다"고 A씨를 꾀었다.

두 사람은 20년 넘게 알고 지내던 절친한 이웃이었다. 고수익에 현혹된 A씨는 별다른 의심 없이 21차례나 돈을 건넸고 4억 800만 원이 그렇게 B씨에게 흘러 들어갔다. 전 재산이었다.

그러나 약속한 이자 지급은커녕 원금 상환도 감감무소식이었다. A씨가 독촉할 때마다 B씨는 온갖 핑계를 대며 상환을 차일피일 미뤘다. A씨는 얼마 후 비슷한 피해자가 더 있다는 얘기를 들었다. 그제야 사기를 당했다는 사실을 깨달았다. 알고 보니 B씨는 회사에 다닌 적도, 수입도 없었다.

A씨 부부는 원래 사기꾼을 형사 고소할 생각을 했다. 하지만 잃어버린 돈을 되찾겠다는 의욕보다 상실감이 더 컸다. 두 딸의 미래

를 망쳐놨다는 죄책감에도 사로잡혔다. 무력한 엄마의 최종 선택
은 동반 죽음이었다.

B씨는 대담하게 사기 행각을 일삼았다. A씨뿐 아니라 약간의
안면만 있는 사람이면 투자를 권해 돈을 뜯어냈다. 심지어 딸의 담
임선생에게까지 마수를 뻗쳤다. B씨는 2014년 딸 담임에게 "경매
직전에 있는 건물을 매입한 뒤 되팔아 수익을 얻고 있다. 돈을 주
면 은행보다 높은 이자를 지급하겠다"고 속여 11억 원을 가로챘
다. 또 다른 피해자에겐 "기업 어음이나 무기명채권을 거래해 고
수익을 내고 있으니 돈을 빌려주면 월 3퍼센트의 이자를 지급하겠
다"며 무려 61억 원을 빼돌렸다.

피해자들은 혁신도시 개발, 채권, 기업 투자 등 각종 전문 용어

를 들먹이며 투자를 유혹하는 B씨의 화술을 당해낼 재간이 없었다. 피해 규모는 총 9명 150억 원에 이른다. 그는 가로챈 돈을 다른 피해자에게 이자로 지급하는 등 전형적인 '돌려 막기' 수법을 썼다. 그 많은 돈은 가족과 내연 여성의 생활비로 탕진했다. 변제할 능력과 의지 자체가 없었던 것이다.

B씨의 범행이 오랫동안 지속된 건 화려한 언변 때문만은 아니다. 그는 '이미지 세탁'에도 공들였다. 2017년 관할 구청에 인재 육성 장학금 명목으로 100만 원을 기탁했고, 아파트입주자대표회 회장과 주민자치회 위원으로 활동하며 운영비 500만 원, 보건소 지원 100만 원, 미얀마 민주화운동 후원 성금 30만 원을 기부하는 등 선량한 시민으로 포장했다.

2022년 10월 1심 법원은 B씨에게 특정경제범죄가중처벌법 위반(사기) 등 혐의로 징역 10년을 선고했다. A씨 가족이 비극을 겪고 대다수 피해자가 재산을 잃는 등 회복하기 어려운 피해를 끼친 점이 인정됐다.

이번 사건은 사기 범죄가 극단적 가족 파괴로 이어지는 과정을 고스란히 보여준다. 개인의 잘못된 욕망이 여러 가정을 파탄으로 몰고 가고 급기야 죽음까지 초래했다. 승재현 한국형사·법무정책연구원 연구위원은 "사기 피해자들이 금전적 이득을 위해 유혹에 빠진 것은 맞지만 주변에 도움을 요청할 여지는 충분했다. 엄마가 자식을 죽였다는 죄책감을 평생 안고 살아야 한다는 점을 재판부가 양형에 참작했을 수 있다"고 진단했다.

2

A씨의 항소심 재판부는 형법 제252조 1항의 '승낙'을 면밀히 살펴야 했다. 피고인 측이 피해자들로부터 함께 죽자는 취지의 승낙을 받았으므로 범행에 대해 형법상 '단순 살인'이 아니라 '승낙 살인'을 적용하는 게 맞다고 항소해서다. 발등에 불이 떨어진 검찰은 승낙 살인을 예비적 공소사실로 추가해 공소장을 변경했다. 실제 재판부는 단순 살인과 승낙 살인이라는 두 법리를 엄격히 적용했다. 차량 블랙박스 영상 등 증거 기록이 남아 있고 A씨가 처음부터 자신의 범행을 인정하는 상황이라 진술이 변질될 우려도 비교적 적었다.

1심 재판부도 A씨에게 징역 12년을 선고할 때 두 딸의 살해 승낙 부분을 살피기는 했다. 작은딸은 큰딸과 달리 범행 당시가 돼서야 엄마의 계획에 대해 알게 됐고 실제로 죽기 싫다는 취지의 분명한 의사를 밝히기도 했음을 지적했다. 그렇지만 재판부는 작은딸도 결국 어머니의 계획에 동의한 것으로 봤다. 큰딸에 대해선 범행 전부터 어머니와 함께 생을 마감하기로 했음을 인정했다. 두 딸이 생을 마감하는 순간에도 사랑을 표현하는 등 엄마에 대해 깊은 애정을 갖고 있었음도 판단의 바탕에 깔았다.

이로써 1심 재판부는 A씨에게 모두 단순 살인 혐의를 적용했다. '정상적인 판단이 현저히 결여된 상태에서 일어난 가족 살인'이라고 봤다. 즉 계획적 살인이지만 그 동기는 참작할 만하는 판단이다.

2023년 4월 20일 광주고등법원 재판부는 형량은 1심과 동일하게 징역 12년을 선고했지만 큰딸 살해에는 승낙 살인을, 작은딸 살해에는 단순 살인을 각각 적용했다. 단순 살인죄의 형량은 사형 또는 무기, 5년 이상 징역형이지만 촉탁이나 승낙에 따른 살인죄는 징역 1년 이상 10년 이하로 낮아진다. 그렇게 축소되는 상황에서 재판부가 징역 12년을 그대로 유지한 것은 오히려 작은딸 살해에 대한 죄책을 좀 더 엄중히 물은 것으로 풀이된다.

작은딸은 사건 당시 '만일 싫으면 차량에서 내려주겠다'는 엄마의 말을 듣고도 내리지 않았다. 엄마와 함께 차량 뒷자리에 그대로 앉아 있다가 범행을 앞두고 "일 처리를 쉽게 하기 위해 조수석으로 옮겨 앉으라"는 엄마의 요구에 조수석으로 옮겨 앉았다.

하지만 재판부는 이를 두고 작은딸이 살해를 '진지하고 종국적으로' 승낙한 것으로 간주하지 않았다. 그것은 승낙한다는 취지의 명시적인 말이 아니었다. 작은딸은 당일 오전 1시 27분, 그러니까 사건 발생 45분 전에야 엄마가 자신들과 함께 죽으려 한다는 계획을 들었다. 전날까지 대학생 신입생 모임에 참석할 정도로 일상 생활을 유지했고 사전에 결심할 만한 어떠한 동기도 찾아볼 수 없었다.

작은딸은 거부하는 취지의 말을 수차례 했고 마지막에 엄마의 요구에 따라 조수석으로 옮겨 앉기는 했으나 그 전에 여러 차례 응하지 않았었다. 재판부는 이런 모습을 미성년자이고 엄마와 언니에게 매우 의존적이던 작은딸이 "일시적인 교란 상태에서 엄마의 살해에 저항하기를 포기한 행동"으로 판단했다. 그때 A씨는 죽기 싫다는 작은딸의 의사에 반해 살해 범행으로 나아간 것이 된다.

반면 큰딸은 죽기 직전까지도 엄마와 일상적인 대화를 나누는 등 급격한 감정 동요가 없었다. 또 스스로 차량을 운전해 범행 장소까지 이동했으며 세상에 미련이 없다고 언급했다는 점에서 살해 승낙을 한 것이라고 판단했다.

끝으로 1심이 '정상적인 판단력이 현저히 결여된 상태에서 일어난 가족 살인'으로 결론 내린 것과는 달리, 재판부는 A씨가 범행 결심과 범행 경위 및 과정, 사건 당시 자신과 딸들의 언행과 생각을 상세히 기억하고 있다는 점에서 '딸들이 자신 없이 힘들게 생활하도록 하는 것보다 딸들을 살해하는 게 낫겠다는 동기', 즉 정상적 판단에서 저지른 '보통 동기 살인'이라고 봤다.

9

제주 식당 주인 청부 살해 사건

"못 일어나게 하라"며 비번 알려줘,
유명 음식점 경영권을 가로챌 욕심에 범행

2022년 12월 16일 낮 12시 10분 범인 김씨(50세)는 제주 오라동의 한 주택에 몰래 침입해 3시간이나 기다렸다. 집주인인 50대 여성은 음식점 운영으로 꽤 많은 돈을 모은 것으로 알려졌다. 오후 3시쯤 귀가한 집주인을 집에 있던 둔기로 살해한 김씨는 20분 뒤 종이가방을 들고 집 밖으로 나왔다. 곧바로 피해자의 휴대폰을 현장 인근에 버린 뒤 택시를 타고 용담해안도로까지 이동해 준비한 옷으로 갈아입었다. 그리고 택시를 두 번 타고 동문재래시장으로 이동해 10분 정도 배회하다 부인 이씨(45세)가 준비한 차량을 타고 여객선터미널로 향했다. 택시 요금은 모두 현금으로 지불했다. 이후 완도행 배편으로 제주도를 빠져나갔다. 범행 당시 피해자가 입고 있던 혈흔이 묻은 옷은 제주가 아니라 다른 지역에 버렸다.

부부는 다시 경남으로 도주했다가 양산에서 경찰에 붙잡혔다. 경찰은 범행 현장 주변에 있는 CCTV를 통해 김씨를 용의자로 특정하고 동선을 추적했다. 김씨 부부가 여객선을 이용해 제주로 가져온 차량이 결정적 단서였다. 경찰은 차량 번호를 추적해 양산으로 도망간 그들을 검거할 수 있었다.

김씨에게 피해자 집의 현관 비밀번호를 알려준 박씨(55세)도 살인교사 혐의로 구속됐다. 박씨는 피해자와 평소 가까운 사이였다. 경찰은 박씨가 최근 피해자와 금전 문제로 자주 다퉜다는 진술을 확보했다. 국립과학수사연구원은 부검 결과 '둔기에 의한 충격으로 머리와 목 부위에 생긴 지주막하 출혈이 결정적 사인이 된 것 같다'는 소견을 내놓았다.

경찰 조사에서 김씨는 살인 혐의를 인정했지만 "우발적 범행이었다"고 잡아뗐다. 하지만 그가 범행 이후 갈아입을 옷을 사전에 준비하고 여객선을 이용해 제주를 오갈 때 다른 사람의 신분증을 도용한 사실이 확인되면서 계획범죄를 꾸민 정황이 속속 드러났다. 범행 전날인 12월 15일 전남 여수에서 제주로, 범행 당일인 12월 16일 제주에서 전남 완도로 각각 여객선을 타고 이동할 당시 이씨도 동행했다. 경찰은 이씨가 남편의 범행 사실을 인지하고 범행에 협조한 것으로 파악했다.

김씨는 "종이가방에 범행 뒤 갈아입을 옷과 신발을 챙겨 갔다"

제주 식당 주인 청부 살해 사건

박씨로부터 살인 청부를 받은 김씨가 2022년 12월 16일 범행을 마치고 나와 흰 종이가방을 들고 걸어가는 모습이 CCTV에 찍혔다. 사진 제주경찰청

고 진술했는데 실제 사건 당일 범행 장소의 입구에서 찍힌 CCTV 영상에서 모자와 검은색 마스크로 얼굴을 가린 그가 한 손에 종이 가방을 들고 있는 모습이 확인됐다.

경찰은 박씨가 2022년 8월부터 피해자와 금전 문제로 다툼을 벌이다 고향 후배인 김씨에게 범행을 사주했을 가능성에 무게를 두고 수사를 이어갔다. 말하자면 청부 살해 범죄였다. 다만 박씨는 관련 혐의를 부인했다. 하지만 휴대폰 위치를 추적해보니 박씨는 사건 당일 김씨 부부가 도주한 양산에 있었던 것으로 확인됐다. 사전에 범행을 공모했는지가 수사의 관건이었다.

김씨 부부는 박씨에게서 은행 계좌로 1000만여 원, 현금으로 1000만 원을 받았다고 진술했다. 그들이 3개월 전부터 제주를 여러 차례 찾을 때마다 박씨가 호텔비와 교통비 등을 건넸다. 하지만 양측의 진술은 엇갈렸다.

김씨는 "박씨로부터 '피해자를 병원에 입원시켜도 좋고, 드러눕게 해라. 못 일어나게 해도 좋다'는 지시를 받아 살해까지 포함한 뜻으로 받아들였다"고 진술했다. 반면 박씨는 "김씨에게 범행을 지시한 것은 맞지만 겁만 주라는 뜻이지, 죽이라고 한 적이 없다"며 살인교사 혐의를 부인했다.

부인 이씨도 "남편이 나쁜 짓을 하는 것은 알았지만 정확한 범행 내용은 몰랐다"고 진술했다. 하지만 이씨는 제주로 오가는 배편을 예약하고 승선권을 끊을 때 자신은 본인의 신분증을 이용하고 남편의 경우 다른 사람의 것을 쓰는 등 범행 동선을 세밀히 챙겼다.

검찰 수사에 따르면 박씨는 처음부터 피해자 음식점의 운영권을 차지할 욕심으로 지분 참여를 하고 관리이사를 맡았다. 이후 피해자가 그와의 재산 관계를 청산할 생각으로 운영에서 배제하고 3억 원가량의 빚까지 갚으라고 요구하면서 둘의 관계가 틀어졌다. 박씨는 고향 후배인 김씨에게 살인을 지시했다. 경제적으로 궁핍했던 김씨 부부는 상당한 자산을 과시하는 박씨의 말에 솔깃했다.

범행에 착수한 김씨 부부는 2022년 9월부터 11월까지 5차례나 제주도로 들어와 여러 방식으로 살인을 시도했으나 실패했다. 처음엔 고의로 교통사고를 내기로 했다. 그다음엔 인근에서 기다렸다가 귀가하는 피해자를 공격하거나 강도로 위장해 피해자 집의 담을 넘어 들어가 폭행하기로 했다. 몽둥이와 전기충격기 등을 포함해 모든 구체적 범행 계획은 박씨의 입에서 나왔다.

번번이 범행이 발각될까 봐 실행에 옮기지 못하다가 11월이 돼서야 피해자가 혼자 사는 점을 노려 집에 침입해 살해하기로 계획을 바꿨다. 하지만 이번에는 박씨로부터 전달받은 현관 비밀번호가 맞지 않았다.

끝으로 한 발 물러난 김씨 부부를 달래기 위해 박씨는 제안 규모를 높였다. 범행을 마치는 대로 김씨에게 빚 2억 4000만 원 등을 갚도록 즉시 현금으로 주고 음식점 2호점에 대한 운영권을 주겠다고 약속했다. 자신 또한 자금 압박에 몰려 다급해진 박씨는 12월 12일 김씨에게 현금 1000만 원을 주며 범행을 재촉했다. 그러면서 김씨를 "부사장"이라고 불렀다.

김씨는 어느 선까지 폭력을 써야 하냐고 박씨에게 물었다. 처음에 박씨는 "한동안 입원하게 해달라"고 했다가 나중에는 목숨이 위태로워지는 선까지 언급했다. 그것은 피해자가 죽어도 어쩔 수 없다는 뜻이었다. 교통사고를 내기로 했을 때도 "사고를 내면 한 2~3주 정도 나올 것 같습니다"라는 김씨의 말에 박씨는 "2~3주 나오면 안 된다. 오래 입원해야 한다. 피해자가 오래 입원할수록 좋다"고 했다. "피해자가 병원에 누워 거동을 못 하고 사업에 대해 의사소통하기 어려운 상황이 일정 기간 지속돼야 회사의 이권을 확보할 수 있다"는 식으로 말했다. 박씨가 "피해자가 많이 다칠수록 좋고 못 일어날수록 좋다"고 말하기에 김씨는 "그럼, 식물인간을 만들라는 이야기입니까?"라고 물었다.

사건 당일인 12월 16일 오전 10시 23분 박씨는 김씨에게 전화해 피해자가 집에서 방금 나갔다고 알렸다.

"피해자가 지금 집을 나갔으니 빨리 움직여라. 빨리 피해자의 집으로 가라."

그날 낮 12시 10분 피해자의 집에 침입한 김씨는 집 안을 뒤지며 대기했다. 범행 도구를 따로 준비하지도 않았다. 집주인이 언제 돌아올지를 걱정할 필요도 없었다. 아내 이씨가 피해자의 차량을 뒤따라가며 그에게 위치 정보를 알렸다.

피해자가 오후 3시쯤 집에 돌아오고 김씨는 오후 3시 20분쯤 그곳에서 피해자의 명품 가방과 귀금속, 휴대폰 등을 들고 나왔다. 박씨의 당부대로 피해자의 휴대폰은 디지털 포렌식을 할 수 없을 정도로 부순 다음 버렸다.

12월 17일 경찰에서 참고인 조사를 받고 나온 박씨는 그날 저녁 8시 16분 양산으로 돌아와 있던 김씨를 몰래 만났다. 일단 조사를 받을 때 확인한 CCTV 영상의 인물이 전혀 닮지 않아 보였다고 후배를 안심시켰다. 그리고 물었다.

"(피해자가) 죽을 확률이 어떻게 되나?"

"죽을 확률은 모르겠습니다. 끙끙 앓고 있는 것을 보고 나왔습니다."

박씨는 2021년 문중의 의사를 묻지 않은 채 자신이 갖고 있던 인감증명서와 위조 회의록 등을 행사해 문중 소유의 토지를 피해자에게 넘기고 5억 4500만 원을 받았는데 이 돈도 가로챘다. 뒤늦게 사실을 파악한 문중 측은 2022년 7월쯤 박씨와 피해자를 함께 고소했고 그 과정에서 둘 사이가 완전히 틀어졌다.

검찰은 박씨가 피해자에게 빚을 갚아야 한다는 압박과 피해자가 소유한 유명 음식점의 경영권을 가로채겠다는 욕심에 범행을 계획한 것으로 파악했다. 이후 결심공판에서 검찰은 주범 박씨와 공범 김씨에게 각각 사형을, 범행을 도운 이씨에게 무기징역을 구형했다.

2023년 7월 13일 제주지방법원은 강도살인 등 혐의로 기소된 박씨와 김씨에게 각각 무기징역과 징역 35년을 선고했다. 이씨에 대해선 피해자를 살해할 의사가 없었다고 보고 강도살인이 아니라 강도치사 혐의를 적용해 징역 10년을 내렸다.

박씨는 피해자를 살해하기 위해 그와 일면식도 없는 김씨 부부를 범행에 끌어들이는 등 사전에 철저한 계획을 세웠다. 범행 직후에는 피해자의 자녀들에게 전화해 가게 지분에 대해 얘기하기도 했다. 재판부는 사건 전체를 조망하듯 이렇게 정리했다.

"피고인들은 저마다의 경제적 이익을 얻고자 공모해 범행을 저질렀다. 특히 범행이 철저한 계획에 따라 준비되고 실행됐다는 점을 주목하지 않을 수 없다."

재판부는 구체적인 범행 방법을 제시하고 "피해자가 못 일어나면 못 일어날수록 좋다" 말한 점, 범행을 준비하고 시도하는 데 제반 비용을 대고 김씨 부부에게 총 3200만 원을 준 점, 피해자 집의 현관 비밀번호를 알려준 점, 사건 당일 오전 김씨와 3차례 통화한 점, 범행 이후에는 피해자가 죽을 확률이 얼마나 되는지를 김씨에게 물은 점 등에 비춰, "박씨가 김씨에게 살해하라고 명시적으로 말하지 않았을 뿐 피해자를 살해할 것을 묵시적으로 지시했다"고 인정했다.

이씨에 대해서는 피해자가 사망하리라는 것을 충분히 예상했지만 남편 김씨와 함께 범행 도구를 준비하지 않은 점을 감안해 살해의 고의가 없었다고 판단했다.

2023년 11월 15일 광주고등법원 제주형사1부는 강도살인 혐의는 범죄 사실이 증명되지 않았다고 보고 그 대신 살인과 절도 혐의를 유죄로 인정했다. 그러면서 박씨와 김씨에게는 살인과 절도 죄로 1심과 같이 각각 무기징역과 징역 35년을 선고하고 이씨에게는 상해치사와 절도죄로 징역 5년을 선고했다. 2024년 2월 대법원은 원심을 확정했다.

사건 일지 _____

2022년 8월 제주 지역 음식점 대표였던 피해자와 지인 박씨가 금전 문제로 자주 다툼.

9월부터 12월 초순까지 박씨와 고향 후배 김씨, 교통사고 위장 등 범행 수법을 모의.

12월 16일 오후 3시쯤 김씨, 제주 오라동 주택에 침입해 기다렸다가 귀가하던 피해자를 살해. 범행 후에는 추적을 따돌리기 위해 수 차례 옷을 갈아입고 택시 이용, 타인의 신분증을 도용해 여객선으로 완도행.

12월 20일 제주동부경찰서, 김씨를 경남 양산에서 제주도로 압송.

12월 22일 제주동부경찰서, 김씨는 살인 혐의로, 김씨의 부인 이씨는 살인공모 혐의로, 박씨는 살인교사 혐의로 각각 구속.

2023년 1월 16일 제주지방검찰청, 강도살인 등 혐의로 박씨와 김씨 부부를 구속 기소.

7월 13일 제주지방법원, 강도살인죄 주범 박씨와 공범 김씨에게 각각 무기징역과 징역 35년 선고. 강도치사죄 이씨에게는 징역 10년 선고.

11월 15일 광주고등법원, 살인죄 박씨와 김씨에게 1심과 같이 각각 무기징역과 징역 35년 선고, 상해치사죄 이씨에게는 징역 5년 선고.

10

포항 방파제 50대 여성 변사체 사건

자다 일어나보니 아내가 사라졌다,
경찰에선 '무혐의' 암장될 뻔

1

"아내가 자꾸 노름을 해 다툼이 있었어요. 그러다 아내가 교자
상으로 자해를 하더라고요. 자다 일어나보니 아내는 사라졌고, 혼
자 바다에 빠졌거나 실족한 것 같습니다."

2018년 2월 6일 오전 10시 16분, 경북 포항 한 방파제 부근에
50대 여성의 변사체가 떠올랐다. 가족의 실종 신고로 수색이 시작
된 지 열흘 정도 지난 무렵이었다. 놀랍게도 시신은 목뼈 5번과 6번
이 완전히 분리돼 있었다. 목 부위에선 다량의 출혈이 발견됐다.

경찰은 누군가의 폭행에 의해 사망했을 가능성을 높게 보고 수
사를 전개했다. 이후 실종 당일 부부가 싸우는 것을 봤다는 이웃의
증언에 따라 여성의 남편인 A씨(60세)가 폭행 혐의로 용의 선상에

올랐다. 그러나 경찰은 A씨의 혐의를 입증할 증거를 잡지 못하고 1년간의 수사 끝에 이듬해 1월 '무혐의 의견'으로 사건을 검찰에 송치했다.

그렇게 완전범죄가 되나 싶던 '50대 여성 변사체 사건'은 5년이 지나 사필귀정의 결말을 맞이했다. 2023년 7월 11일 법원이 A씨에게 징역 6년을 선고하고 법정 구속한 것이다. 아내를 때리고 바다에 빠트려 사망케 한 혐의 등(상해치사, 특수상해, 폭행)이 받아들여졌다. 새까맣게 묻힌 채 넘어갈 뻔했던 사건이 인과응보의 결말로 이어진 데엔 이경문, 최진석 두 30대 검사의 끈질긴 추적이 있었다.

2022년 2월 대구지방검찰청 포항지청 형사1부에 발령받아 사건 기록을 살펴보던 이경문 검사는 A씨의 해명을 이해하기 어려웠다고 한다. 바다에서 떠오른 변사체는 목뼈가 부러진 상태였다. 투신으로 다쳤다고 보기는 어렵고 살아서 목뼈가 부러졌다면 도저히 자기 힘으로 바다까지 갈 수 없었기 때문이다. A씨가 아내의 시신이 발견되기도 전에 딸을 시켜 보험회사에 아내인 것처럼 연락하게 했다는 점도 수상했다. 그는 그런 식으로 아내가 운영하던 술집의 화재보험 해지환급금을 받아냈다.

경찰은 검찰의 보완 수사 지시에 따라 A씨가 2017년에도 아내를 폭행하고 상해를 가했다는 혐의까지 일단 찾아낸 상태였다. 그마저도 이웃들의 진술로 겨우 적용한 혐의였다. 흉기로 추정되는 교자상도 A씨가 땔감으로 태워버려 이미 없었다. 유일한 목격자

경북 포항 인근 해상에서 경찰이 사흘간 수색을 벌였지만 피해자는 발견되지 않았다.
일주일여 뒤 바다에서 떠오른 변사체는 목뼈가 부러진 상태였다.

는 남편뿐. 폭행 사건을 사망(치사)으로 끌고 가기에는 막막한 상황이었지만 이검사는 진실 규명을 위해 동료 최진석 검사와 의기투합했다.

실마리는 한 달 뒤 복원된 A씨 차량의 블랙박스에서 잡혔다. A씨가 아내와 다툰 2018년 1월 26일, 아내는 밤 11시쯤 112에 '폭행을 당하고 있다'고 신고했다가 남편의 저지로 취소했다. 몇 시간 뒤인 1월 27일 새벽, A씨의 혼잣말이 차량 블랙박스에 녹음됐다.

"미치겠다, 큰일 났네. 처벌을 받더라도 이건 됐고. 여기가 째졌던 건가, 자꾸 불길한 생각이 드네."

A씨가 아내의 죽음과 형사처벌을 예감하는 듯한 발언이었다.

포항 방파제 50대 여성 변사체 사건

법의학자 등 감정인 3명에게 추가 의뢰한 사인 정밀 분석도 힘이 됐다. 물에 빠지기 전에 이미 목이 부러져 있었던 것으로 추정되며, 생전에 그런 손상을 입었다면 피해자가 스스로 움직이는 건 사실상 불가능하다는 판단이었다. 시신의 손목 등에서 발견된 다른 상흔들도 누군가가 피해자를 교자상으로 때려 목뼈를 부러뜨린 뒤 팔을 움켜쥐고 바다로 옮기는 과정에서 생긴 것으로 추측됐다. 그렇게 A씨에게 상해치사 등 혐의가 추가됐다.

참고인 10여 명을 전면 재조사했고 대검 심리분석관 투입을 요청해 A씨에 대한 통합심리분석도 시작했다. 그 결과 아내가 사라졌는데도 적극적으로 찾지 않던 A씨가 이웃과 식사하던 중 갑자기 식당을 나가 "선착장에서 아내 신발이 발견됐다"며 피해자의 신발을 가져오는 등 부자연스러운 행동을 한 정황도 포착했다. 2023년 2월 두 검사는 A씨를 기소했고 공은 법원으로 넘어갔다.

두 검사는 재판도 직접 챙기면서 공소 유지에 만전을 기했다. 결국 대구지방법원 포항지원 형사합의1부는 공소사실을 모두 인정해 A씨에게 징역 6년을 선고했다. 재판부는 "35년간 함께 살던 배우자에게 폭력을 행사하고 이를 은폐하려 바다에 던져 사망에 이르게 하는 등 죄질이 매우 불량하다"고 밝혔다.

두 검사는 형이 가볍다 보고 항소할 예정이다. 이검사는 "시일이 상당히 많이 흐른 상황이었기에 수사와 혐의 입증에 어려운 부분도 있었지만 피해자의 죽음에 억울한 부분이 있다면 명확히 밝혀야겠다고 생각했다. 과학수사 기법을 활용해 의미 있는 결과를 얻어낼 수 있었다"고 말했다.

2

포항 남쪽 끝 양포항에 사는 A씨는 특별한 소득 없이 소주방을 하는 아내에게 경제적으로 의존했다. 2017년만 해도 두 차례, 폭행은 상습적이 돼가고 있었다. 2018년 1월 26일 밤 10시 50분쯤 아내가 손님들과 함께 고스톱을 치러 자리를 옮기려 할 때 부부 사이에 말다툼이 벌어졌다.

"또 노름을 하고 싶어서 안달이 났다."

"지나간 이야기는 하지 말라 했제."

아내는 예전에 고스톱에 빠져 많은 돈을 잃은 적이 있었다. 둘은 만취한 상태였다. 특히 아내는 휘청거리고 발음도 부정확할 정도로 많이 취해 있었다. 손님들이 모두 돌아가고 밤 11시쯤 단둘이 남게 됐을 때 본격적인 싸움이 시작됐다.

소주방 안방에서 몸싸움을 하던 중 밤 11시 9분쯤 아내가 남편한테 폭행을 당하고 있다고 112에 신고했다. A씨는 아내의 휴대폰을 빼앗아 부부싸움을 하는 중이라며 간신히 신고를 무마했다. 그 직후 A씨가 교자상으로 아내의 머리를 내려쳤다. 그 충격으로 아내는 목뼈 5번과 6번 사이가 부러져 사경을 헤매게 됐다. A씨는 아내를 업고 나가 선착장 부근 바다에 빠뜨렸다.

1월 27일 오전 1시 50분부터 2시 50분 사이에 소주방 앞문 거리에 서 있는 A씨가 몇 차례 목격됐다. 아침 7시 30분 A씨는 마을 사람에게 "자다가 일어나보니 아내가 없어져서 아침까지 찾아보고 있다"고 말했다. 그리고 점심 무렵 한쪽 다리가 부러진 피해자의 안경을 들고 나가 수리를 맡긴 다음 자신의 차 수리를 위해 점검을 받고 집으로 돌아왔다. 오후 5시쯤 식당에서 친지와 만났을 때였다. 아무 말 없이 나가더니 신발을 하나 들고 왔다.

"(아내의) 신발이 바닷가에 놓여 있더라."

선착장에서 바다로 들어가는 바로 입구에 신발이 나란히 놓여 있는 걸 발견하고 들고 왔다는 말이었다. 친지가 A씨 대신 경찰에 신고했다.

"오늘 새벽, 자정에서 오전 1시 사이 소주방을 하는 분이 부부싸움 끝에 죽는다고 나갔다는데, 신발이 바닷가에 놓여 있습니다."

그날 오후 6시 경찰이 출동했고 그때부터 1월 29일까지 바닷가와 수중에서 수색을 벌였지만 피해자는 발견되지 않았다.

아내의 시신이 발견되기 전인 2월 5일 A씨는 딸을 시켜 아내인 것처럼 행세해 소주방에 든 화재보험을 해지하라고 했다. 딸은 보험회사 콜센터에 전화해 피해자 자신인 것처럼 본인 인증을 하고 해지 의사를 밝혀 결국 해지환급금을 돌려받았다.

다음 날인 2월 6일 방파제 끝에 떠 있는 상태로 피해자가 발견됐다. 외투를 입지 않은 상태였다. 현장 감식을 실시한 결과 소주방 안방에서 낙하혈흔을 닦은 잠재혈흔 등이 여럿 검출됐다. 아내의 피였다. 검찰은 국립과학수사연구원 부검 감정 결과와는 별도로 법의학자 3명에게 사망 원인에 대한 감정을 의뢰했다.

법의학자 1은 목뼈 골절이 사망의 주요 원인이라고 봤다. 목뼈 골절은 외력이 가해진 결과인데 머리의 찢어진 부위와 피하출혈에 비춰 그쪽으로 외력이 비스듬히 가해졌다고 추정했다. 출혈로 봐서는 살아 있는 상태에서 다친 것이고 그 위치나 양상은 손상만으로 사망을 설명할 수 있을 정도였다. 한편 피해자가 목뼈가 부러진 뒤 스스로 물에 들어갔을 가능성은 매우 낮다. 소주방에서 바닷가까지는 40미터쯤 거리인데 그런 상태에서 이동하기는 어렵다. 신발을 가지런히 벗어 놓고 투신하는 상황 역시 자연스럽지 않다. 출혈이 심한 것을 보면 익사 과정에서 목뼈가 부러진 게 아니라 목뼈가 부러진 뒤 물에 빠졌을 가능성을 좀 더 뒷받침한다. 양쪽 아래팔에서 보이는 피하출혈은 지속적으로 강하게 누르거나 움켜쥐는 행동에서, 그것도 물에 빠지기 전에 생긴 것이다. 그렇다면 혈흔이 발견된 현장에서 피해자는 목뼈가 부려졌고 그 뒤 물에 빠져 사망했다고 봐야 하며 그 과정에서 타인이 관여했을 가능성이 높다.

법의학자 2는 입수 지점을 살펴보면 목뼈가 부러지는 일이 생길 지형이 아니라고 했다. 다이빙처럼 상당한 속력으로 뛰어들 때 주변에 충격을 줄 만한 바위나 돌, 시멘트 바닥 등이 있어야 하는데 그런 지형이 아니라는 것이다. 다만 법의학자 2는 목 주변의 출혈을 고려하면 타인이 피해자의 목을 졸랐을 가능성을 배제할 수

삽화 신동준

없다고 했다. 하지만 재판부는 목 부위에 눌린 흔적이 없고 목 부위의 출혈도 양쪽이 아니라 한쪽에 광범위하게 난 점을 들어 그런 의견을 물리쳤다.

법의학자 3은 등이나 목 앞쪽에 다른 상처가 없어 골절 부위를 직접 강타당한 것은 아니고, 과신전·과굴곡(지나치게 꺾임)으로 목뼈가 부러진 것으로 봐야 한다고 했다. 혈중알코올농도를 보더라도 피해자는 상당히 취해 있었고, 그런 상태에서 세게 가격을 당하면 머리가 뒤로 훌러덩 넘어갔다가 반동으로 앞으로 날아갈 듯 숙여질 수 있다. 또 투신을 하든 다른 사람이 떠밀어 바다에 빠지든 물에 빠진 사람은 무의식적으로 방어 자세를 취하므로 그 과정에서 과신전·과굴곡이 일어날 가능성은 거의 없다. 목뼈 5번과 6번 사이가 부러지면 하반신에 마비가 올 뿐 아니라 양팔도 완전히 사용할 수 없게 된다. 즉 그렇게 다친 피해자가 움직일 수 있는 범위는 제로다. 이를 미뤄보면 피해자는 소주방에서 거의 사망한 상태였고 그 뒤 비교적 빠른 시간 안에 물에 빠졌을 것이다.

재판부는 그날 밤 A씨가 술에 취해 말다툼을 하다가 아내를 때린 것으로 판단했다. 법의학자들의 의견을 종합하고, 다음 날 안방에 있던 교자상이 부서진 채 발견되고 방 안에 피해자의 혈흔이 있던 점, 피해자의 머리에 찢어진 상처가 있는 점을 고려하면 A씨가 교자상으로 아내의 머리를 때렸을 때 목에 과신전·과굴곡이 일어나 목뼈가 부러진 것이다. 이후 1월 26일 밤 11시 9분부터 1월 27일 오전 2시 50분 사이 A씨가 아내를 데리고 나와 바다에 빠뜨려 사망에 이르게 했다. 피해자의 양쪽 아래팔에서 보이는 피하출혈은 A씨가 잡고 바다로 옮기는 과정에서 난 것이다.

재판부는 범행 후 정황에 대해서도 들여다봤다. 아침이 되어 수색은 마을 사람에게 맡겨놓고 A씨 자신은 아내의 안경을 수리하러 가거나 차량을 고치러 가는 등 적극적으로 아내를 찾지 않았다. 또 A씨가 아내의 신발을 발견한 경위도 자연스럽지 않고 아내가 스스로 빠진 것처럼 꾸민 것으로 보인다.

더구나 아내가 자해한 뒤 실종됐다고 주장한 남편이 중요한 증거인 교자상을 잘 보관하지 않고 수색한 잠수부들을 위한 땔감으

포항 방파제 50대 여성 변사체 사건

로 사용되게 내버려둔 점은 의심쩍다. 그런 행동은 증거를 감출 의도로 보인다. 더 나아가 A씨가 아내 명의로 된 화재보험을 해지하게 한 것은 아내가 사망한 사실을 알고 한 일이라는 강한 추정이 든다.

끝으로 재판부는 피해자가 소주방 안방에서 목뼈가 부러져 움직일 수 없었다고 보면서도 직접 투신했거나 실족했을 일말의 가능성까지 살폈다. 피해자의 신발이 발견된 장소는 그 주위에 추락할 높은 지점이 없고 돌이나 바위 등도 없으며 당시 정박한 배 또한 없었다. 또 선착장 쪽은 피해자의 집과 반대 방향이었다. 설령 피해자가 남편과 싸우고 나갔다 하더라도 휴대폰을 소주방에 그대로 두고 한겨울 한밤중에 외투 없이 나갔을 리는 없다. 게다가 극도로 시력이 나쁜 사람이 안경을 쓰지 않고 밖으로 나간 것도 이해하기 어렵다.

양형에서는 다소 충동적이고 우발적인 범행이라는 점을 감안했다.

사건 일지 _____

**2017년
5월부터 11월까지**

남편 A씨, 술에 취해 말다툼을 하다 아내를 수차례 폭행.

**2018년 1월 26일
밤 11시 9분쯤**

아내, A씨와 몸싸움을 하던 중 112에 '남편에게 폭행을 당하고 있다'고 신고.

**1월 26일 밤 11시 9분부터
1월 27일 오전 2시 50분 사이**

A씨, 교자상으로 아내의 머리를 때리고 난 뒤 사경을 헤매는 피해자를 데리고 나와 바다에 빠뜨려 사망에 이르게 함.

**1월 27일 오전 1시 50분
부터 2시 50분 사이**

소주방 앞문 거리에서 A씨가 몇 차례 목격됨.

오후 5시 52분

A씨의 친지가 A씨 아내가 실종됐다고 경찰에 신고.

**1월 27일 오후 6시
부터 1월 29일까지**

경찰, 바닷가와 수중에서 수색을 벌임.

2월 5일

A씨, 딸에게 아내인 것 행세해 소주방에 든 화재보험을 해지하라고 시킴.

**2월 6일 오
전 10시 16분**

포항 한 방파제 부근에서 A씨 아내의 변사체가 발견됨.

3월 20일

경찰, 소주방 내부와 A씨 부부의 주거지, A씨의 차량에 대해 현장 감식을 실시.

2019년 1월 경찰, A씨에 대해 '무혐의 의견'으로 사건을 검찰에 송치.

2023년 2월 대구지방검찰청 포항지청, 상해치사죄 등으로 A씨를 기소.

2023년 7월 11일 대구지방법원 포항지원, 상해치사죄 등 A씨에게 징역 6년을 선고.

11

캄보디아 만삭 아내 사망 사건

보험금을 노린 고의 사고냐 졸음운전이냐,
남편에게 수십억 원대 사망보험금 줘야

1

충남 금산에서 생활용품 가게를 운영하는 이씨(45세)는 평소 일
확천금을 꿈꿔왔다. 지인들에게 "돈벼락 맞는 거 어떻게 생각해?"
같은 말을 하는 등 돈에 집착하는 모습을 보였다. 가게는 한때 밤
을 새워가며 상품 포장을 해야 할 정도로 성업을 이뤘다.

여러 보험 회사에서 나온 보험설계사들이 단골손님이었다. 그
들은 가게에서 고객 사은품으로 쓸 냄비 등을 많이 구매했다. 보험
설계사들이 가게에서 돈을 쓴 만큼 그도 고객 관리 차원에서 보험
가입 권유에 응했다. 주변의 권유를 잘 거절하지 못해 처음에는 거
절하다가 다시 찾아오면 가입해주기도 했다. 맺고 끊음이 분명치
못한 성격이기도 했다. 그러다 보니 자신도 모르는 사이에 여러 보

2014년 8월 23일 이씨 부부가 탑승한 차량이 갓길에 정차해 있던 8톤 화물차를 들이받았다.
사진 충남경찰청

험에 들게 됐다.

이씨는 보험청약서에 자신의 월수입을 500만 원이라 적었지만 그런 것을 정확히 밝히는 사람은 잘 없었다. 그의 월수입을 1000만 원가량으로 추산하는 보험 회사도 있었다. 그는 월수입의 대부분을 보험료로 납입하더라도 채권과 이자소득이 있어 충분히 생활을 유지할 수 있었다.

2014년 8월 22일 밤 9시쯤 이씨는 서울 남대문시장을 가기 위해 집을 나섰다. 한 번 갈 때마다 한두 달치 판매할 물품을 한꺼번에 떼어왔다. 평소 혼자 다녀왔는데 그날은 아내(24세)가 동행했다. 캄보디아인 아내는 임신 7개월째였지만 따라가겠다고 나섰다.

"남편이 졸릴까 봐 같이 가려고. 임신했어도 따라가는 건 괜찮아. 아기 옷 살 것 있으면 말해."

아내는 다음 날 아침 같은 국가 출신의 친구들과 캄보디아 음식을 해 먹기로 약속했다가 갑작스레 취소했다. 그날 밤 9시 20분쯤 서울로 향하는 고속도로에서 CCTV에 둘 모두 안전벨트를 매지 않은 모습이 찍혔다. 이씨는 평소 마을에서도 미착용으로 범칙금을 받을 만큼 안전벨트를 잘 매지 않는 사람이었다.

8월 23일 오전 3시 41분 경부고속도로 천안나들목 인근. 이씨 부부는 자정을 넘어서까지 남대문시장에서 물품을 구매하고 다시 집으로 돌아오는 길이었다. 둘이 탑승한 승합차가 시속 60~70킬로미터로 달리다가 갓길에 정차해 있던 8톤 화물차를 들이받았다. 승합차 전면부의 3분의 2(오른쪽 68퍼센트)가 완전히 찌그러질 만큼 큰 사고였다. 조수석 의자를 뒤로 젖혀 누워 자고 있던 아내는 현장에서 사망했지만 이씨는 경미한 부상만 입은 채 목숨을 건졌다.

사고 직후 화물차 운전자가 다가와 "괜찮습니까?"고 물었을 때 이씨는 "선생님, 내가 차를 박았습니까?"라고 말했다. 졸음운전을 하다 바로 사태를 파악하기가 어려웠을 텐데 어딘지 한 박자 빠른 대답이었다. '무슨 일입니까?', '어떻게 된 겁니까?' 정도가 맞지 않을까. 인근 병원으로 실려 간 이씨는 "아내가 죽었는지 살았는지를 가르쳐달라"는 말을 반복했다.

"졸음운전"이라는 이씨의 주장과 달리 사고 당시의 고속도로 CCTV에서 차량이 충돌 직전에 상향등을 켜 화물차의 정확한 위

캄보디아 만삭 아내 사망 사건

치를 확인한 듯한 정황이 나왔다. 그는 피의자로 경찰 조사를 받았다. 사고가 발생하고 열흘 뒤인 9월 4일 피의자 신문에서 "사고가 날 때 화물차를 피하려고 한 사실이 있습니까?"라는 질문에 그는 "그런 적 없다. 그냥 갖다 박았다"고 답했다. 당시 졸음운전을 했다면 '졸고 있어서 전혀 몰랐다'고 대답해야 하는 것 아닐까. 단순한 말실수일까. 이씨가 사고에 비해 거의 다치지 않은 점도 미심쩍기는 했지만 별다른 증거가 없었다.

그 무렵 '이씨 아내의 사망보험금이 거액'이라는 보험사 직원들의 제보가 있었다. 당시 이씨 아내 앞으로 95억 원 상당의 보험금 지급이 계약돼 있었다. 결국 경찰은 '보험금을 노리고 교통사고를 위장해 아내를 살해한 혐의로 이씨를 체포했다'는 뜻밖의 수사 결과를 발표했다.

검찰이 경찰 수사를 토대로 파악한 사건의 전말은 치밀하고 끔찍했다. 사고 당시 이씨는 안전벨트를 착용하고 아내는 착용하지 않은 상태였다. 게다가 아내의 혈흔에서 수면유도제가 검출됐다. 이씨가 아내가 잠든 사이에 안전벨트를 풀었으리라는 의심을 산 것은 그 때문이다. 조수석 부분은 완전히 함몰된 반면 운전석 부분은 계기판과 조향장치가 이씨의 가슴 쪽으로 다소 밀려 나온 정도에 그쳤다.

사건을 조사한 도로교통공단과 국립과학수사연구원의 전문가들은 '고의 살인'에 무게를 실었다. CCTV 영상과 현장 실험(시뮬레이션) 등을 토대로 분석해보니 운전자인 이씨가 졸음운전을 한

게 아니라 의도적으로 핸들을 틀어 사고가 나게 했다는 것이다. 정차된 화물차를 발견하고 상향등을 켜 정확한 위치를 파악한 뒤 사고 지점에 이르러 조향장치를 우측으로 틀었다가 다시 좌측으로 돌리는 식으로 조정해 화물차에 조수석 부분을 들이받았다고 봤다.

살해 동기로는 사망보험금이 지목됐다. 이씨는 결혼 직후인 2008년부터 2014년까지 11개 보험 회사에 '수익자 이씨, 피보험자 아내'로 한 생명보험 25개를 가입했다. 아내의 몫으로 매달 납부한 보험료만 400만 원에 달했다. 이씨는 "사고 전날부터 당시까지 21시간 넘게 잠을 못 잔 데다 남대문시장에서 음식까지 먹어 졸음운전을 한 것"이라며 맞섰다.

살인죄에 대한 법원의 판단은 엇갈렸다. 2015년 6월 10일 1심 법원은 이씨에게 살인과 사기(자동차보험) 혐의 모두에 대해 무죄를 선고했다.

공소사실엔 이씨가 아내에게 수면유도제를 먹인 시간과 장소, 방법이 특정돼 있지 않았다. 차량 안에 있어 함께 마셨을 것으로 추측되는 옥수수수염차와 컵, 캔커피 어디에도 수면유도제 성분은 나오지 않았다. 임신 7개월째인 아내로선 안전벨트를 매기에 무리가 있었고 이씨 스스로 졸음운전을 할 가능성을 대비해 평소와 달리 착용했을 가능성도 엿보였다.

게다가 이씨의 혈흔에서도 수면유도제가 검출됐다. 이 점에 대해선 누구도 납득할 만한 설명을 내놓지 못했다.

국립과학수사연구원 등은 휴게소에서 사고 지점에 이를 때까지 8개 커브를 아무런 사고 없이 통과한 점, 갓길을 따라 달려오다 상향등을 켠 점, 졸음운전을 했다면 갓길에서 우측 가드레일을 들이받았으리라는 점을 들어 이씨가 의도적으로 사고를 냈다고 했지만, 재판부는 시뮬레이션 결과를 받아들이지 않았다.

CCTV 영상이 야간에 촬영돼 화질이 좋지 않아 우조향 지점과 조향각에 대한 조사 기관의 설명을 그대로 믿을 수 없었다. 사고 당시 상향등을 켠 점에 대해서도 "이씨가 졸다가 조향장치 가까이에 있는 점등 장치를 잘못 건드려놓고 그것이 작동한 사실을 알아채지 못했을 가능성"을 배제하기 어려웠다. 한마디로 조사 기관의 감정 의견은 "사고 결과를 놓고 추측한 것에 불과해" 증거력이 떨어져 보였다.

"이씨가 이 사건 사고로 보험금을 타내려면 자신은 반드시 살고 피해자는 반드시 죽어야 한다."

재판부의 이 말은 사고 당시 이씨의 처지가 자신의 목숨까지 위협받는 상황이었음을 역설한다. 차량 전면의 3분의 2가 충돌하면서 운전석 부분도 거의 남지 않았고 화물차의 후미 부분이 이씨의 몸통 우측에 근접하면서 통과했다. 가까스로 중상을 피했다. 피하려고 애쓴 흔적도 없어 차량의 앞바퀴가 그대로 전방을 향해 11자 형태로 돼 있었다. 즉 운전자가 '반드시 살아남는다'고 장담하기 어려운 사고였다. 과연 금전적 이득을 위해 그렇게까지 목숨을 담보하려 했을까.

화물차가 정차해 있던 우측 갓길의 비상정차대의 길이도 상당히 짧은 편이었다. 이씨가 과연 그 짧은 시간에 조향장치를 미세하게 조정해 운전석 부분은 온전히 남기고 조수석으로만 들이받겠다고 마음먹고 실행에 옮겼을까. 재판부는 고개를 좌우로 흔들었다.

교통사고로 위장해 아내를 살해하기로 계획했다면 앞서 서울로 올라가는 길에 사고를 내도 됐을 텐데…. 사고 차량엔 이씨가 남대문시장에서 큰돈을 들여 사들인 물품들이 잔뜩 실려 있었다.

재판부는 사망보험금도 범행 동기로 인정하지 않았다. 월수입이 1000만 원에 달하는 이씨는 보험료를 수백만 원씩 납부하고도 충분히 생활을 유지할 수 있었고 자신을 피보험자로 둔 보험 계약도 여럿 체결했다. 보험에 가입한 경위를 보면 '보험 수익자를 반드시 자신으로 해달라'고 말한 적이 없고 계약을 체결한 뒤에도 '아내가 교통사고로 사망할 경우 보험금을 얼마나 받을 수 있냐?'고 묻지 않는 등 약관 내용을 꼼꼼히 읽지 않은 것처럼 보였다. 보험금도 다른 보험 살인처럼 사건 직후 바로 청구하지 않았다.

이를 종합해보면 이씨가 오랜 기간 보험료를 납부하며 아내를 살해할 적절한 시기를 기다려왔다고 보기는 어려웠다. 결국 재판부는 이씨가 졸음운전을 했을 가능성이 높아 보인다고 결론 내렸다.

2

1심과 항소심 재판부는 사안마다 대치했다. 같은 CCTV 영상과 시뮬레이션 결과를 두고 1심이 '졸음(또는 증거의 불충분함)'을 봤다면 항소심은 '의도'와 '의식적 행동'을 봤다. 해석 차이가 극명했기에 간접사실만 즐비한 상황에서 전혀 다른 사건을 다루는 것 같았다.

검찰은 항소심에서 '졸음운전으로 인한 사망'(교통사고처리특례법상 치사) 혐의를 예비적 공소사실로 추가했다. 그러나 검찰의 대비와 달리 2017년 1월 13일 항소심은 살인 혐의를 유죄로 인정해 이씨에게 무기징역을 선고했다.

항소심 재판부는 국립과학수사연구원 등의 시뮬레이션 결과를 증거로 채택하며 이씨가 교통사고를 가장해 아내를 살해한 게 맞다고 판단했다. 특히 이씨가 차량의 상향등을 사고 직전에 켠 점, 차량이 우조향→좌조향→우조향을 거쳐 화물차와 충돌한 점, 수동 변속기가 6단에서 4단으로 바뀐 점, 사고 직전에 350미터를 직진 주행한 점 등은 졸음운전을 했다면 벌어질 수 없는 일이라고 했다.

상향등을 켜려면 레버를 일정한 힘으로 뒤로 밀어서 걸림 장치에 걸리게 해야 하는데 여기에는 의식이 있는 상태에서도 섬세한 조작이 필요하다. 또 그때는 운전대를 잡고 있던 한쪽 손이 떨어져 방향이 흔들릴 텐데 CCTV를 보면 차량은 상향등이 켜진 전후로 별다른 흔들림 없이 350미터 이상을 직진했다. 이는 졸음운전에서는 나올 수 없는 모습이다. 국립과학수사연구원 감정원은 이렇게 진술했다.

"사고 지점 뒤로 800미터 되는 지점에서 불빛이 보이자마자 가변 차로(갓길)를 쭉 따라 내려오는 것은 안전 운전을 했다고 보는 편이 맞습니다. 정상적으로 의식이 없는 상태에서 오래도록 직선으로 올 수는 없고, 일반적인 졸음운전에 의한 것은 차가 조향장치라든가, 앞숙임 거동, 상향등 조작 등 여러 동작이 불가능하다고 생각합니다."

충돌한 뒤 차량이 최종 정차된 모습을 보면 화물차와 거의 나란한 방향이다. 차량의 앞바퀴와 뒷바퀴 모두 그대로 앞쪽을 향해 11자 형으로 돼 있다. 엔진 후드와 지붕이 '직각'으로 구부러진 것도 차량이 화물차와 나란한 방향으로 충돌했음을 의미한다. 이런 충돌 형태가 되려면 차량을 우조향했다가 좌조향한 뒤 다시 우조향해야 한다. 우조향을 한 번만 해서는 차량이 점점 우측으로 회전해 나란한 방향으로 충돌할 수 없게 된다.

차량은 충돌시 회전하지 않았는데 이는 조수석 쪽으로 충돌하되 무게중심보다 다소 운전석 쪽으로 치우쳐 충돌한 결과였다. 운전석 쪽으로의 충돌을 피하려고 지나치게 조수석 쪽으로 치우쳐 충돌하면 차량이 회전해 예측할 수 없는 결과가 생길 여지가 있었다. 이렇게 운전자는 차량의 충돌 형태에 대해 사전에 면밀히 검토한 것으로 보인다.

차량을 화물차에 면 대 면으로 나란히 충돌시켜야 했는데 조금만 각도가 틀어져도 차량이 회전해 운전석 쪽에 큰 충격이 가해질 위험이 있었다. 상향등을 켜고부터 충돌하기까지 20초쯤 시간이 주어졌다. 그렇지만 이씨는 3년 정도 화물차를 운전한 경험의 소유자였다.

차량의 속도도 그렇다. CCTV를 보면 상향등을 켜기 전 평균속력은 시속 70.5킬로미터이고 상향등을 켠 뒤에는 시속 80킬로미터로 속도가 증가했다. 충돌 직전 몇 차례 방향을 바꾼 뒤에는 평균속력이 시속 62킬로미터쯤이었다. 충돌 직전에 나타나는 감속은 본능적으로 제동장치를 작동하려는 심리에서 나오는 인위적인 것이다.

재판부는 이씨의 범행 동기도 인정했다. 이씨가 보험에 가입한 이유나 경제적 상황 등과 상관없이 아내의 사망으로 95억 원을 받을 수 있는 사정이라면 살해 동기로는 충분하다는 것이다.

"그 점만으로도 사고의 고의성 여부를 심각하게 의심해볼 만하다."

이씨는 경찰 조사에서는 월수입이 700만 원이라 했다가 검찰에서는 1000만 원, 1심 법정에서는 1500만 원이라고 달리 말했다. 재판부는 1000만원 미만으로 파악하며 납입할 보험료가 월수입에 비해 과도하다고 했다. 특히 사고가 발생하기 두 달 전에 아내를 피보험자로 하는 30억 원짜리 사망보험에 추가 가입한 점에 주목했다.

수면유도제에 대해서도 재판부는 임신 중인 아내가 약물을 복용하는 데 신중했으리라는 점, 피해자 본인이 구입한 경로가 확인되지 않는 점을 들어 이씨가 미리 준비한 옥수수수염차 등을 통해 먹였다고 결론 내렸다. 한편 국립과학수사연구원에 요청한, 약독물 감정 결과에 대한 사실조회에서 '사용된 혈흔이 넓은 부위의 것이라 수면유도제가 이씨의 혈흔에서 검출됐다고 단정하기 어렵다'는 의견이 나왔다.

사고 전날 아내가 서울행에 동행한 과정에 대해서도 재판부는 사실관계를 바로잡았다. 아내의 캄보디아 출신 친구들이 경찰 조사에서 진술한 바에 따르면 같이 가자고 요구한 쪽은 이씨이고 피해자는 임신해 배가 불러서 따라가지 않으려 했다가 어쩔 수 없이 따라 나선 것이다. 이는 "내가 운전하면서 조니까 집사람이 대화하며 잠을 깨워주겠다며 따라 나섰다"고 한 이씨의 진술과 배치된다.

2017년 5월 30일 대법원은 다시 이씨의 손을 들어줬다. 대법원은 검찰이 졸음운전이라는 피고인의 주장에 대해 제대로 반박하지 못했다고 결론 내리고 살인 혐의에 대해 무죄 취지로 파기 환송했다. 특히 졸음운전을 하다 상향등을 켤 가능성 등에 대해 검증이 부족한 점, 사고 CCTV 영상과 국립과학수사연구원 등의 시뮬레이션 간에 결과가 완벽히 일치하지는 않는 점 등을 지적했다.

일단 이씨의 재정은 금전적 이득이 범행 동기가 될 만큼 궁핍에 몰리지 않았다. 자산이 부채를 크게 웃돌았다. 게다가 아내의 사망으로 받을 보험금 95억 원 중 54억 원은 일시금이 아니라 정기금이고 혼자가 아니라 다른 가족들과 함께 지급받게 돼 있었다. 아내를 피보험자로 한 보험의 월 보험료가 400만 원에 이르기는 하나 이씨 본인이나 다른 가족을 피보험자로 한 보험의 월 보험료 역시 그와 비슷한 수준이었다. 그래서 매월 낸 총 보험료는 800만~900만 원이나 됐다. 이씨는 현금 자산은 얼마 되지 않아도 보험을 수입 중 일부를 저축하고 자금을 대출받는 일종의 자산 운용 수단으로 이용했다.

무엇보다 범행 수법부터가 이씨 본인에게 위험했다.

"본인의 생명이나 신체에 심각한 위험 요소가 있는 범행 방법을 선택하는 건 특히 보험금 등 금전적 이득을 목적으로 하는 범행에서는 상정하기 어렵다."

고속도로를 주행하다가 도로 우측에 정차돼 있는 화물차의 뒷부분에 조수석만 부딪치게 정확히 맞춰 충돌하는 것은 보통 사람에겐 쉬운 일이 아니다. 이번 사건처럼 그 결과만을 놓고 범행 방법에 내재된 객관적 위험의 정도를 가볍게 평가할 수 없다. 차량 충돌시 영향을 미치는 변수는 다양해 이후의 상황을 정확히 예측해 통제하기는 대단히 어렵다.

또 계획범죄라 하기에는 사건에 우연적 요소가 너무 많다.

"매우 우연한 장소에서 우연히 대형 화물차가 정차해 있는 상황을 만나게 되면 곧바로 추돌 사고를 일으켜 범행을 실행하기로 마음먹고 고속도로를 운행하며 적절한 범행 장소를 만나기를 기다린다는 것은 계획적인 범행 수법으로는 매우 이례적이다. (…) 우연히 갓길에 정차한 사건 화물차를 발견하고 불과 채 1분도 되지 않는 짧은 시간 안에 순간적인 판단으로 사고를 냈어야 하는데, 이는 미리 작심하고 범행하려는 범인이 택하는 범행 방법이라고 보기에는 지나치게 즉흥적이고 우연적 요소가 많다."

충돌 직전 이씨가 조향장치를 우조향이니 좌조향이니 조작했다는 것도 CCTV 영상에서 육안으로 상향등 불빛이 멀어지며 굴절되는 변화에 따라 파악한 것인데 이는 과학적이지 않다. 특히 실제 사고 장면의 CCTV 영상과 시뮬레이션 CCTV 영상이 완벽히 일치하지 않았다.

수면유도제에 대해서도 혈흔 표본이 작고 다른 약물에 대한 광범위한 시험까지 확인하지 않았다는 점에서 아내가 수면유도제가 아니라 그 성분이 포함된 복합 제제(감기약 등)를 복용했을 가능성을 배제할 수 없다. 안전벨트에 대해서는 아내가 사고 당시 의자를 뒤로 젖혀 누운 상태로 잠을 자고 있었으므로 그런 자세에서는 안전벨트가 방해가 돼 이를 풀어놓았을 가능성도 있었다.

이후 3년 넘게 사건을 심리한 파기환송심은 2020년 8월 10일 살인과 사기 혐의를 무죄로 판단했다. 다만 교통사고처리특례법상 치사 혐의를 적용해 이씨에게 금고 2년을 선고했다. 재판부는 이씨가 아내를 살해하려고 일부러 사고를 낸 것이 아니라 졸음운전을 한 것으로 결론 내렸다.

2021년 3월 11일 대법원이 파기환송심 판결을 확정하면서 이씨는 5차례 재판 끝에 결국 살인 혐의를 벗고 금고 2년을 확정받았다. 법정 공방은 그렇게 8년여 만에 '만삭 아내 살인'이 아니라 '졸음운전으로 인한 사고'로 마무리됐다.

무죄가 확정되자 이씨의 보험금 소송도 잇따라 결론이 나왔다. 법원은 일단 무죄가 확정된 이상 보험 계약 자체가 사회질서에 반하고 고의 살인이라 보험금을 지급하지 않아도 된다는 보험사 측의 주장을 받아들이지 않았다. 하지만 캄보디아인 아내가 보험 계약을 제대로 이해하고 서명했는지를 두고선 판단이 갈렸다. 아내의 한국어 구사 능력 때문이다.

이씨 측의 손을 들어준 재판부는 "계약을 체결할 당시 이씨 아내와 한국어로 의사소통을 하는 데 큰 어려움이 없었다"는 보험설계사의 증언과 국내 이슈 등에 대해 문답하는 귀화 면접심사를 통과한 점을 토대로 아내가 보험 계약의 의미를 이해하고 자필로 서명한 사실을 인정했다.

이씨의 청구를 기각한 재판부는 이씨 아내가 보험 계약 체결 내용을 이해하고 진정한 의사로 동의했다고 볼 수 없다고 지적했다. 그는 중요한 결정을 할 때 한국어로 의견을 나누고 명백한 의사를 밝힐 만큼 소통 능력을 갖추지는 못했다. 모국어로 된 약관 등을 받지 않았던 점도 고려해야 한다. 한국어 능력이 부족한 이씨 아내 같은 사람을 피보험자로 하는 생명보험 계약 체결에선 보험사가 모국어로 된 약관을 제시하거나 통역하는 방식으로 피보험자의 진정한 동의 의사를 확인하는 절차를 마련해야 한다는 것이다.

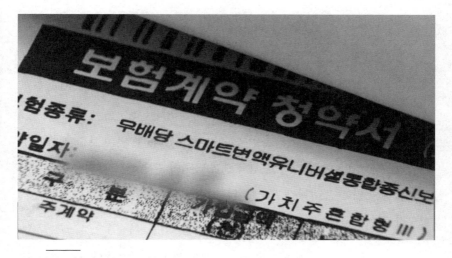

대법원이 무죄 판결에 이어 또 한 번 이씨의 손을 들어주면서 보험금 소송 역시 그가 승소할 가능성이 높아졌다. 사진 KBS 뉴스 캡처

재판부는 "이 같은 조건이 충족되지 않은 상황에서 피보험자의 동의 여부를 판단하는 건 신중히 접근해야 한다"고 밝혔다.

그러던 중 무죄를 확정받은 이씨에게 보험금을 지급해야 한다는 대법원의 첫 판단이 나왔다. 2023년 4월 19일 대법원은 이씨와 그의 딸이 새마을금고중앙회를 상대로 제기한 2억 1000만 원 상당의 공제금 지급 소송에서 원고 일부 승소 판결한 원심을 확정했다.

대법원이 이씨의 손을 들어주면서 패소했던 하급심 재판 결과도 뒤집힐 가능성이 커졌다. 새로운 주장과 쟁점이 나오지 않는 이상 최고 법원에서 같은 사건으로 상반된 결론을 내리기는 어렵기 때문이다. 모든 사건에서 승소가 확정되면 이씨가 받을 보험금은 97억 원이 넘을 것으로 보인다.

캄보디아 만삭 아내 사망 사건

2023년 7월 6일 서울고등법원은 미래에셋생명보험을 상대로 한 소송에서 1심을 뒤집고 이씨 아내가 보험 내용을 이해하고 계약을 체결했다고 판단했다. 재판부는 "첫 번째 보험 계약은 이씨의 아내가 입국한 지 1년 8개월이 지나 체결됐는데, 그는 그 무렵 한국어 교육 프로그램의 모든 단계를 이수했다. 두 번째 보험 계약 당시엔 그가 어린 자녀를 양육했고 남편이 운영하는 생활용품점에서 손님을 응대했기 때문에 의사소통 능력이 향상되었을 것"이라고 설명했다.

사건 일지 _____

2014년 8월 23일
오전 3시 41분   캄보디아 만삭 아내, 교통사고로 사망.

11월 25일   충남 천안동남경찰서, 거액의 보험금을 노린 고의성 사고로 보고 남편 이씨를 구속.

12월   검찰, 살인 및 사기 혐의로 이씨 기소.

2015년
6월 10일   대전지방법원 천안지원, 이씨에게 무죄 선고.

2017년
1월 13일   대전고등법원, 살인죄 이씨에게 무기징역 선고(졸음운전으로 인한 사망 혐의 공소사실 추가).

5월 30일   대법, 살인 혐의에 대해 무죄 취지 파기환송.

2020년
8월 10일   파기환송심, 살인 혐의 무죄, 이씨에게 금고 2년형 선고
(졸음운전으로 인한 사망 혐의 인정).

2021년 3월   대법원, 파기환송심 판결 확정.

2023년 4월   대법원, 이씨에게 보험금 지급해야 첫 판단.

12

70대 노모 아들 살해 자백 사건

"100킬로그램 아들 죽였다" 노모 자백했지만 무죄,
진짜 범인은?

1

"아들이 술을 마시고 속 썩여서 목을 졸랐더니 죽은 것 같다. 숨을 안 쉰다."

2020년 4월 21일 오전 0시 53분쯤. 경찰서 수화기 너머로 들려오는 76세 할머니의 목소리는 차분했다. 경찰과 소방은 신고를 받은 지 6분 만에 사건 현장인 할머니 딸의 집에 도착했다. 응급처치를 받고 병원으로 옮겨진 아들 김씨(51세)는 같은 날 오전 9시쯤 세상을 떠났다.

노모 윤씨는 아들 살인범으로 체포됐다. 신고 당시 "내가 죽였다"고 자백했기 때문이다. 수사기관에서도 입장을 바꾸지 않았다. 경찰 조사에서 살인 동기를 '비뚤어진 모정'으로 설명했다.

"아들이 1년 전 일을 그만두고 집에서 놀면서 술만 마셔 괴로웠다. 아들이 가족에게 피해를 줄까 봐 걱정돼 최근 살해할 마음을 먹고 있었다. 그날 아들과 딸이 말다툼하는 것을 보고 '이대로 두면 안 되겠다'는 생각이 들었다."

윤씨가 털어놓은 '살인의 기억'은 이랬다:

냉장고에서 꺼낸 소주병을 거꾸로 집어 들고 바닥에 앉아 있는 아들의 머리를 내리쳤다. 수건으로 아들의 머리를 닦다가 그것으로 재차 목을 졸랐다. 자신이 목을 조를 때 아들은 아무 말도 하지 않고 가만히 있었다. 아들의 얼굴이 파랗게 질리는 걸 보고 숨을 쉬지 않는 것 같아 경찰에 신고했다. 경찰이 올 때까지 소주병 파편을 치우고 거실 바닥을 닦았다.

아들과 노모는 인천에 있는 딸네 집에서 함께 생활했다. 아들은 1년 가까이 거의 매일 집에서 놀면서 술을 마시고 가족에게 술주정과 폭언을 일삼았다. 4월 20일 밤 9시 20분쯤 딸이 귀가해보니 술에 취한 오빠가 거실에 앉아 노모에게 술을 달라고 요구하고 있었다.

"술을 더 가져와."

"그만 좀 마셔라."

남매끼리 언성을 높이며 말다툼을 하는 사이 욕설이 튀어 나왔다. 딸은 4월 21일 오전 0시에서 0시 30분 사이에 자녀들을 데리고 남편이 사는 수원으로 떠났다. 나중에 경찰 조사에서 그는 "자신이 집을 떠날 때 오빠는 살아 있었다"고 진술했다.

범행 현장에서 깨진 소주병 조각과 수건이 발견됐다. 그러니 직접증거로는 노모의 자백과 딸의 진술이 있을 뿐이었다. 다른 증거는 없는 상황. 검찰은 결국 노모 윤씨를 살인 혐의로 재판에 넘겼다.

법원은 '피고인은 무죄'로 일관했다. 윤씨의 자백과 딸의 진술을 그대로 믿지 않았다. 76세 노모가 일반 가정에서 흔히 쓰는 가로 45센티미터 세로 70센티미터 크기의 수건으로 173센티미터에 102킬로그램 거구인 51세 아들의 목을 졸라 살해할 수 있냐며 의구심을 품었다.

법원은 윤씨가 범행을 재연하지 못하는 데 주목했다. 윤씨는 신고하고 9시간 지나 범행을 재연했는데 자신이 털어놓은 살해 수법을 보여주지 못했다. "(아들의) 목을 졸라보세요"라는 경찰의 요구에 "어떻게 해요?"라며 반문했다. 아들의 머리를 소주병으로 가격하는 동작이나 목을 조르는 동작을 구체적으로 표현하지 못하고 얼버무렸다. 그 과정에서 바닥에 떨어져 있을 소주병 파편을 의식하는 어떠한 동작도 나오지 않았다.

경찰이 출동할 당시 파편 하나 없이 깨끗이 치워져 있던 범행 현장도 무죄 판단의 중요한 근거가 됐다. 윤씨는 경찰에 신고한 뒤 소주병 파편을 치웠다고 진술했으니 파편이 쓰레기통에 버려진 양상과 경찰에 신고한 뒤 딸과 통화한 시간 등을 고려하면 3, 4분 만에 청소를 끝냈어야 한다. 하지만 노모 혼자 청소를 끝내기에는 시간이 충분치 않았다. 심지어 아들 시신의 상체에선 소주병 파편으로 생긴 상처도 발견되지 않았다.

법원은 딸이 범행에 연루됐을 가능성에 대해서도 의심했다. 딸이 살해 직전에 두 자녀를 데리고 남편이 있는 수원으로 떠난 사실을 거론하며 "아들의 술주정은 늘 있던 일이지만 딸이 평일 늦은 밤에 아이들을 데리고 수원 등에서 자고 온 적은 없었다. 말다툼을 넘어서는 상황이 벌어졌을 가능성을 배제하기 어렵다"고 판단했다.

그렇게 사건은 '피해자는 있는데 범인은 없는 사건'이 돼버렸다. 인천경찰청은 2022년 10월 사건을 재수사하겠다고 공식 선언했다. 사건을 들여다보고 있는 인천미추홀경찰서 관계자는 "검찰로부터 방대한 기록을 받아 검토하고 있는 단계다. 철저히 기록을 분석해 의혹이 남지 않게 수사할 것"이라고 밝혔다.

윤씨를 변호했던 안관주 변호사는 "범죄 사실을 인정하고 양형을 다퉜지만 법원이 주도해 무죄로 결론 내렸다. 수사가 미진했다고 봐야 하지 않겠나"라고 말했다. 무죄 판결이 나왔을 때 윤씨의 반응은 어땠느냐는 질문에는 "1심에서 무죄를 선고받고 석방된 뒤 따로 뵌 적이 없다. 법정에선 덤덤하셨던 것 같다"고 밝혔다.

2

1심은 '윤씨가 가족을 지키려고 허위 진술을 했을 가능성이 있다'고 했다. 하지만 가족 누구를 지키려는 것인지는 특정하지 않

70대 노모 아들 살해 자백 사건

왔다. '현장에 아들을 살해한 제삼자가 있었을 가능성이 있다'고만 했다. 물론 제삼자가 누구인지 억측하지도 않았다. 다른 가족이 노모에게 자신의 범행을 뒤집어씌우는 게 아닌지 살피는 것은 원칙적으로 검찰의 일이다. 다만 윤씨의 짓은 아닐 것 같다고 했다. 윤씨의 자백이 허위라고 단정할 명백한 증거는 없지만….

그 대신 1심 재판부는 윤씨에게 징역 20년을 구형한 검찰 앞에서 체구가 작은 70대 고령의 여성이 키 173센티미터에 몸무게가 102킬로그램에 달하는 남성을 수건으로 목 졸라 살해하는 게 가능하냐고 계속 물었다. 또 가로 45센티미터 세로 70센티미터 크기의 수건을 목에 감을 경우 노끈보다 두꺼워지는데 과연 그것이 살해 도구가 될 수 있느냐고 물었다.

(항소심은 사건 부검의의 의견을 인용해 바로잡았다. 부검의는 '동맥이 눌리면 의식 소실이 빨리 오고 10초 만에도 의식을 잃을 수 있는 등 목을 졸리는 피해자가 어떤 상황에 있는지에 따라 저항 여부는 달라질 수 있다. 반드시 격렬한 몸싸움이 일어나리라고 볼 수는 없다. 목을 조르는 끈이 가는지 굵은지는 사망 가능성과 상관이 없다'는 취지로 진술했다.)

1심 재판부는 결심을 앞두고 딸을 불러 "엄마가 오빠를 수건으로 목 졸라 살해한 것이 믿어지느냐, 가능하다고 생각되느냐?"라고 묻기도 했다. 이에 딸은 "오빠는 힘이 없었다. 믿기지도 않고. 오빠가 진짜 양심이 있다면 그날 엄마가 그렇게 했을 때 혹시 자기도 죽고 싶어서 가만히 있지 않았을까 그런 생각도 했다"고 답변했다. 윤씨는 최후진술에서 "아들이 술만 마시면 제정신일 때가 거의 없었다. 희망도 없고 진짜로 너무 불쌍해서 범행했다"고 밝히며 눈물을 흘렸다.

우선 재판부는 살해 방법부터가 믿기 어렵다고 했다. 아들이 아무런 반응을 하지 않고 가만히 있었던 까닭에 가능했다는 말인데, 목이 졸려 숨이 막히고 생명이 위태롭게 되는 중에 어떻게 사람이 아무런 반항을 하지 않고 죽음을 맞이하느냐. 윤씨는 아들이 만취한 상태여서 저항할 수 없다고 진술했다.

하지만 재판부는 술에 취했더라도 반항할 수 없을 정도로 만취한 상태는 아니었다고 판단했다. 검사는 사망 시각의 혈중알코올 농도가 0.142퍼센트인 점을 들고 그날 오전 0시 30분쯤엔 0.2퍼센트가 넘는 만취 상태일 수 있다고 계산했지만, 재판부는 인정하지 않았다. 아들이 귀가한 딸과 대화하던 중 지난 가족사와 현재 상황을 언급하며 나름대로 자기주장을 했기 때문이다.

경찰이 도착했을 때 거실 바닥은 깨끗이 청소된 상태였다. 범행 장소 주변에는 깨진 소주병 파편이 여기저기 떨어져 있었을 텐데 그런 곳에서 격렬한 몸싸움이 벌어지면 소주병 파편에 상처가 날 수 있다. 윤씨의 말을 그대로 인정해 아들이 아무런 반항을 하지 않았다고 하더라도, 피해자의 몸 곳곳에 깨진 소주병 파편에 찢긴 상처가 남아 있어야 했다. 아들이 거실 바닥에 그대로 쓰러졌다고 진술했기 때문이다. 그러나 아들의 왼쪽 다리 한 곳 외에, 특히 상체엔 아무런 상처도 없었다. 아들이 쓰러진 뒤 소주병 파편을 치웠다는 것은 상식적으로 말이 안 된다는 것.

깨진 소주병 파편을 치운 시기도 그렇다. 재판부는 이 시기가 범행 시간과 장소, 경위를 밝히는 유력한 정황이 된다고 봤다. 윤씨가 112에 신고할 때 2분간 통화했으므로 그가 소주병 파편을 청소할 시간은 3분 10초쯤 남아 있었다. 그 사이 딸에게 전화해 아들이 죽은 사실을 알렸고 경찰과 소방이 드나들게 문을 열어놓았으며 또 딸의 전화를 받고 1분쯤 통화했다.

시간적 여유는 그렇다 쳐도 과연 아들을 살해한 어머니에게 그 짧은 시간에 소주병 파편을 치우고 휴지로 바닥을 닦을 정신적 여유가 있었을까. 그리고 사망한 뒤인데 새삼스레 거실 바닥을 청소할 필요가 있었을까. 즉 112에 신고한 뒤 소주병 파편을 치웠다는 진술은 극히 의심스럽다.

윤씨는 112에 신고하고 또 무슨 일을 했느냐는 신문에 "그냥 있었습니다, 가만히"라고 대답하기도 했다.

만약 윤씨가 소주병 파편을 치운 뒤에 112에 신고했다면 아들은 4월 21일 오전 0시 30분 이전에 소주병에 머리를 맞았을 가능성이 있게 되고, 그 경우 현장에 모자 외에 제삼자가 있었을 가능성을 배제할 수 없게 된다. 오전 0시 30분은 딸이 집을 빠져나가 인근에서 전화 통화를 한 것이 확인된 알리바이와 관련한 시각이다. 즉 재판부는 범행 시간을 오전 0시 30분 이후로 특정할 수 없다고 했다.

딸은 오빠와 말다툼을 시작한 뒤 집을 떠날 때까지의 상황을 시

대법원에서 노모 윤씨에 대해 무죄를 확정한 뒤 경찰은 재수사를 천명했다.
경찰은 실내에서 일어난 사건이라 진술에 의존할 수밖에 없었다며 수사가 미진했음을 인정했다.

간 순서대로 열거하지 못했다. 자신이 귀가한 시간이 4월 20일 밤
11시라고 했다가 싸움이 시작된 것이 밤 11시라고 바꾸는 등 오
락가락했다. 집을 떠난 뒤 노모와 전화한 횟수와 그 내용도 정확히
기억하지 못하거나, 혹은 진술하지 않았다. 무엇보다도 당시 딸 자
신이 상당히 술에 취한 상태였다. 결국 재판부는 딸의 진술에 의존
해 '오빠가 사망할 당시 사건 현장에는 오빠와 노모만 있었다'와
'자신이 집을 떠날 때 오빠는 살아 있었다'는 사실을 인정할 수는
없다고 했다.

　검찰은 '윤씨가 가족을 지키려고 허위 진술을 했을 가능성이 있
다'고 한 1심 판단을 '막연한 추측'이라고 했다. 이에 항소심 재판

70대 노모 아들 살해 자백 사건

부는 '딸이 의심스럽다'고 해 특정인을 지목한다. 마침 1심 판결이 나온 뒤 수사기관이 다시 그를 불러 거짓말탐지기 조사까지 한 상태였다. 항소심 재판부는 "딸의 진술에 의존해 '오빠가 사망할 당시 사건 현장에는 오빠와 노모만 있었다'는 사실을 인정할 수 없다"고 한 1심 판단에는 '사실상 딸이 피해자의 사망에 관여·가담했을 수 있다는 의심'이 내포돼 있다고 해석했다.

딸은 사건 당시 오빠가 거실에 앉아 있었는지 방으로 들어갔는지, 술을 마시던 중이었는지 아니었는지 등 상황을 논리적으로 진술하지 못하고 착오를 반복했다. 오빠가 술주정을 하고 가족에게 폭언하는 일은 늘 있는 일인데 평일 늦은 밤 갑자기 애들을 데리고 1시간 넘게 걸리는 수원으로 간 이유는 뭔가. 딸은 그에 대해 일관성 있게, 구체적으로 설명하지 못했다.

재판부는 그날 술주정이나 말다툼을 넘어서는 어떤 특별한 상황이 발생해 딸이 자녀들과 함께 집을 떠났을 가능성이 있다고 했다. 또 딸은 그날 자신이 집을 떠난 뒤 오빠와 노모 사이에 도대체 무슨 일이 벌어졌는지 궁금할 법도 한데 항소심 때까지 접견 대화 내용, 친척과 지인들과 나눈 휴대폰 문자메시지를 모두 살펴봐도 특별히 노모의 범행에 의문을 표하거나 사실관계를 확인해보려 하지 않았다.

법원의 최종 판단은 무죄였다. 2022년 8월 11일 대법원은 하급심의 판단을 받아들여 윤씨의 무죄를 확정했다.

"아들 죽였다"는 노모의 자백을 법원이 믿지 않은 이유 _____

의혹 1: 노모는 왜 범행을 재현하지 못했나
법원 판단: "경찰에 신고하고 9시간밖에 되지 않았는데 재연하지
　　　　　못한 점 이해하기 어려워"

의혹 2: 노모가 소주병 파편을 5분 만에 치울 수 있나
법원 판단: "전후 상황을 고려하면 시간이 충분치 않다"

의혹 3: 오락가락하는 딸의 진술 믿을 수 있나
법원 판단: "딸의 진술로 노모의 범행을 뒷받침하기는 어려워"

의혹 4: 딸이 사건에 연루됐을 가능성 있나
법원 판단: "오전 0시 30분 이전에 사건이 발생했을 가능성도 있
　　　　　어"

의혹 5: 딸은 왜 살해의 전후 상황을 궁금해하지 않았나
법원 판단: "당연히 알아봐야 하는 사항 아닌가, 이해하기 어려워"

　70대 노모 아들 살해 자백 사건

13

고유정 제주 전 남편 살해 사건

범행 직전 찍은 사진 3장,
의붓아들은 '인위적' 힘에 눌려 사망

1

2019년 8월 12일 오전 제주지방법원 201호 법정. 고유정은 구속 기소된 이후 처음으로 수감 번호 38번이 쓰인 연두색 죄수복을 입고 모습을 드러냈다. 재판에 처음 나오는 그를 보기 위해 시민들은 법정 앞에서 재판 방청권 배부를 기다렸다. 줄은 법원 2층 법정 입구부터 1층 후문 입구까지 길게 이어졌다. 방청권 교부는 제주지방법원 사상 그때가 처음이었다.

전 남편 A씨(36세)를 죽이고 그 시신을 훼손한 뒤 내다버린 혐의로 기소된 고유정(36세). 그의 변호인이 변론을 시작하자 방청석이 술렁거렸다. 사건 당일 전 남편의 성폭행 시도가 있었고 이에 맞서다 우발적으로 살해하게 됐다는 주장이었다. 일부 방청객들은 고

고유정이 2019년 6월 12일 오전 10시 제주동부경찰서를 떠나기 직전
경찰서 정문에서 기다리고 있던 취재진 앞에 모습을 드러냈다. 사진 한국일보

함을 치다 재판부의 제지를 받았다. 아수라장 속에서도 고유정은
어깨까지 내려오는 단발머리를 길게 늘어뜨려 얼굴을 전부 가린
채 1시간 넘게 재판이 진행되는 동안 방청석 쪽으로 고개를 조금
도 돌리지 않았다. 변론이 시작될 때 수의 주머니에 넣어 온 화장
지를 꺼내 눈물을 훔친 것이 그가 보인 반응의 전부였다.

2019년 5월 25일 A씨는 아들을 만나러 간다며 집을 나섰다. 양
육권을 가져간 전 부인이 아이를 만나지 못하게 한 까닭에 2년간
못 보다가 법원 결정에 따라 이날 전 부인과 아들을 함께 만나게
됐다.

그런데 이후 A씨와 연락이 되지 않자 A씨의 가족들은 이틀 뒤

인 5월 27일 경찰에 실종 신고했다. 신고를 접수한 경찰은 곧바로 A씨의 행적을 파악하러 나섰다. 펜션 인근의 CCTV 영상을 분석한 결과 수상한 점을 발견했다. A씨가 전 부인과 함께 펜션에 들어간 모습은 확인됐지만 행적은 거기서 끊겼다. A씨의 휴대폰 기지국 신호가 펜션에서 멀리 떨어진 곳에서 끊기는 등 범죄에 연루됐을 가능성도 보였다. 경찰이 전 부인에게 연락해 A씨의 행방을 묻자 펜션에 입실한 당일 저녁 8시쯤 나갔다는 답변만 돌아왔다. 전 부인의 답변과 달리 A씨가 펜션에서 나오는 모습은 파악되지 않았다. 사건은 형사과로 넘어갔다.

펜션 내부를 수색해보니 욕실 바닥과 거실, 부엌 등 객실 곳곳에서 다량의 혈흔 흔적이 나왔다. 혈흔이 A씨의 것으로 확인됐을 때 수사팀은 펜션에서 혼자 나와 사라진 전 부인을 유력한 용의자로 봤다. 그리고 6월 1일 오전 10시 30분쯤 충북 청주의 집에서 전 부인을 긴급 체포했다. 그의 차량과 주거지 내 분리수거장을 압수수색하는 과정에서 범행 흉기 등 증거물 89점을 확보했다. 제주로 신병을 압송할 당시 그는 오른손에 붕대를 감고 있었다.

5월 18일 고유정은 전남 완도항에서 배편을 통해 자신의 차량을 끌고 제주로 들어왔다. 이후 전 남편에게 연락해 당초 청주로 잡혀 있던 면접교섭 장소를 제주로 바꾸자고 했다. 자신은 그 동안 범행 도구 일체를 구매해 차량해 실어놓았다. 면접교섭일인 5월 25일 전 남편 A씨와 아들을 만나 오후 5시쯤 제주 조천읍의 한 무인 키즈펜션에 들어갔다. 아들이 놀이방에서 휴대폰 게임을 하는 사이 고유정이 전 남편을 흉기로 찔러 살해했다. 그날 저녁 8시부터 밤 9시 16분 사이였다. 다음 날 오전 아들을 친정집에 맡기고 다시 펜션으로 돌아온 고유정은 유기하기 위해 시신을 훼손했다. 그리고 5월 27일 오전 11시 30분쯤 혼자서 가방 2개를 들고 펜션을 빠져나왔다.

5월 28일 저녁 8시 30분 제주항에서 출항한 완도행 여객선을 타고 가다 1시간쯤 지난 뒤 여행 가방에서 피해자의 시신이 담긴 것으로 추정되는 봉지를 꺼내 바다에 버리는 모습이 여객선 CCTV에 포착됐다. 또 배를 타기 2시간여 전에 제주의 한 마트에서 종량제 봉투 30장과 여행 가방 외에도 비닐장갑과 화장품을 구입했다. 그렇게 차량을 끌고 배에 올라 제주를 떠났고 사흘 뒤인 5월 31일 청주 집으로 돌아왔다.

고유정은 조사 과정에서 우발적으로 범행했다고 주장했지만 수사팀은 치밀하게 준비한 계획범죄로 봤다. 범행 도구를 미리 준비한 점, 범행 전에 인터넷을 통해 '니코틴 치사량', '살해 도구' 등을 검색한 점, CCTV가 없는 무인 펜션을 범행 장소로 삼고 갑작스레 예약한 점, 범행 후 펜션에서 자신의 차량에 시신을 싣고 이동한 점, 청주에서 출발해 차량을 배편으로 제주로 갖고 온 점 등 계획적 범행을 입증할 증거와 정황은 많았다. 또 범행을 저지르고 이틀 뒤인 5월 27일 전 남편의 휴대폰으로 자신의 휴대폰에 문자메시지를 보내는 등 범행을 은폐하려 한 정황이 드러났다. 살해 이후 시체 유기까지 범행 전체를 그려둔 사람의 모습이었다.

수사팀은 거주지에서 범행 도구가 발견된 점에 비춰 시신도 육지 등 제삼의 장소로 옮겨졌을 가능성을 높게 봤다. 고유정이 청주로 돌아오기 전 부친 소유의 경기도 김포 자택에서 머문 것을 확인하고 그곳에 인력을 파견했다. 그곳에서 2차로 시신을 훼손해 종량제 봉투에 담아 분리수거장에 유기한 것으로 드러났다. 하지만 가장 확실한 증거인 전 남편의 시신은 찾지 못했다.

고유정은 경찰 1차 조사에서 혼자 전 남편을 죽이고 펜션을 빠져나왔다고 진술해 범행을 시인했다. 전 남편이 성폭행을 하려고 하자 대항하는 과정에서 우발적으로 살해했다는 주장을 되풀이하고 그 이상의 범행 동기에 대해선 함구했다. 펜션에서 들고 나간 큰 가방 2개의 소재에 대해선 입을 열지 않았다.

사람들이 언론 매체를 통해 고유정의 얼굴을 처음 확인하게 된 날은 6월 7일이었다. 이틀 전 제주경찰청은 신상정보공개 심의위원회를 열고 그의 실명과 나이, 얼굴 등 신상을 공개하기로 했다. 그날 오후 4시쯤 제주동부경찰서에서 조사를 받기 위해 유치장에서 진술녹화실로 이동하던 중 취재진의 카메라에 노출됐다. 그는 검은색 긴소매 니트 상의와 회색 체육복 하의를 입고 슬리퍼를 신고 있었다. 포승줄에 묶인 그의 오른손엔 흰색 붕대가 둘둘 감겨 있었다.

무엇보다 시선을 사로잡은 건 묶은 머리로 비로소 드러난 전체 윤곽과 카메라를 응시하는 태연한 눈빛이었다. 나중에 알려진 일이지만 고유정은 신상 공개 결정에 반발해 취소 소송을 제기했다가 사흘 만에 취하했다. 신상 공개 결정이 이뤄진 피의자가 이를 취소해달라며 소송을 제기한 경우는 그가 처음이었다.

2

수사팀은 전 남편의 사라진 시신을 찾는 데 수사력을 집중했다. 여객선 CCTV에서 고유정이 피해자 시신이 담긴 것으로 추정되는 봉지를 바다에 버리는 모습이 포착됨에 따라 해경이 제주와 완도 간 여객선 항로를 중심으로 수색 활동을 벌였다. 경찰은 고유정이 시신을 유기한 장소로 완도행 항로와 완도항 인근, 김포 등 세 곳을 주목했다.

제주 시내 한 마트의 CCTV에서 수사팀은 범행 사흘 전인 5월 22일 밤 11시쯤 고유정이 흉기와 표백제, 베이킹파우더, 고무장갑, 세제, 세수 대야, 청소용 솔 등을 구매하는 장면을 확보했다. 사전에 살해와 시신 훼손, 흔적을 지우기 위한 세정 작업까지 치밀하게 준비했음을 알 수 있다.

또 범행 사흘 뒤인 5월 28일 오후 3시 28분 같은 마트에서 고유정이 표백제와 락스, 테이프 등을 반품하는 모습이 담긴 CCTV 영상을 확보했다. 시신 훼손과 현장 증거인멸을 위해 청소 작업에 사용하고 남은 용품들을 반납한 것이다. 고유정은 경찰 조사에서 표백제 등을 구입한 이유를 묻자 "청주 집에 냄새가 나서, 평소에 쓰

고유정이 범행 사흘 전인 2019년 5월 22일 제주 시내 한 마트에서
칼과 청소 도구 등을 구입하고 있다. 사진 제주동부경찰서

려고 샀다"고 답변했고, 환불한 이유에 대해서는 "시신 옆에 있던
것이어서 찝찝해 환불했다"고 진술했다.

　수사팀은 고유정의 차량에 있던 이불에서 피해자의 혈액을 채
취해 국립과학수사연구원에 보내 감정을 요청했고, 6월 10일 수면
제 졸피뎀 성분이 검출됐다는 회신을 받았다. 고유정이 범행에 약
물을 사용했을 가능성이 높아졌다. 전 남편은 키 180센티미터에
몸무게 80킬로그램인 건장한 체격이었던 반면 고유정은 키 160센
티미터에 몸무게 50킬로그램쯤으로 체격과 체력의 차이가 컸다.
그동안 수사팀은 고유정이 범행하기 전 약독물을 사용해 피해자
를 무력화했으리라고 추정해왔다.

　그 무렵 고유정이 제주로 내려오기 전날인 5월 17일 청주 시내

한 병원에서 감기약과 수면제 처방을 받고 인근 약국에서 졸피뎀을 구입한 사실이 드러났다. 수사팀은 범행 현장인 펜션 내에 남아 있는 혈흔 형태를 분석한 결과 고유정이 미리 준비한 졸피뎀을 먹은 A씨가 몸을 제대로 가누지 못한 상태에서 공격을 받은 것으로 추정했다. 쓰러진 A씨가 기어서 도망가는 과정에서도 고유정이 흉기를 3회 이상 휘둘렀을 것이다.

범행 동기를 밝히는 데 프로파일러들이 투입됐다. 무엇보다 고유정과 A씨가 아들의 친권 문제를 둘러싸고 다툰 것이 배경이었다. 고유정 입장에서는 재혼한 현 남편과의 가정을 지키려는 생각을 했다. 물론 평범했던 주부가 완전범죄를 노린 살인자가 된 데에는 인터넷이라는 조력자가 있었다.

고유정과 A씨는 2017년 초 협의이혼을 하고 조정 과정에서 고유정이 친권과 양육권을 모두 가져갔다. A씨는 이혼한 뒤 고유정이 아들을 보여주지 않자 면접교섭권에 대한 가사소송을 제기했고, 2019년 5월 9일 법원은 A씨의 손을 들어줬다. 범행 당일인 5월 25일은 법원의 명령에 따라 A씨가 2년 만에 처음으로 아들을 만나는 날이었다.

프로파일러는 아들과 A씨가 지속적으로 만날 경우 아들을 재혼한 현 남편의 친자식처럼 키우려는 계획이 어긋나고 고유정 자신도 A씨와 계속 엮일 수밖에 없고 그런 상황이 이어지면 현 남편과 불화를 겪게 돼 결혼 생활이 깨질 수도 있다고 생각한 것으로 분석했다. 즉 전 남편은 현 남편과 완벽한 가정을 꾸리는 데 없어져야 할 방해 요소였다. 결국 A씨의 존재로 인해 갈등과 스트레스가 계속되리라는 극심한 불안감에 고유정은 범행을 결심했을 것이다.

실제 고유정은 재판이 끝난 다음 날인 5월 10일부터 휴대폰과 컴퓨터 등을 통해 졸피뎀을 비롯해 살인 도구, 니코틴 치사량, 혈흔 지우는 법, 키즈펜션 CCTV, 뼈의 무게, 뼈의 강도, 뼈 버리는 법, 감자탕 뼈 쓰레기가 음식물 쓰레기인지 아닌지 등을 인터넷을 통해 검색했다. 또 범행 장소인 펜션도 인터넷 검색을 통해 예약했다. 인근 병원에서 졸피뎀 성분이 든 수면제를 처방받은 것도 인터넷에서 검색한 내용에 따른 것이다.

수사팀은 또 고유정이 시신을 제주 펜션과 부친 소유의 김포 집에서 두 차례에 걸쳐 훼손한 것은 시신을 쉽게 훼손·유기할 수 있는 부분과 어려운 부분을 구분하기 위해서인 것으로 추정했다. 1차로 제주에서 훼손한 크기가 작은 시신 일부를 완도행 여객선을 타고 오면서 유기했고, 나머지 시신은 자신의 차량으로 김포 집으로 옮긴 뒤 훼손한 것으로 봤다. 고유정은 김포 집에서 시신을 훼손하기에 앞서 혈흔 등이 남지 않게 5월 29일 인천 시내에서 사다리와 방진복, 덧신 등을 구입했다. 또 인터넷을 통해 미리 구입한 목공용 도구 등을 사용해 시신을 훼손하고 5월 31일 새벽 종량제 봉투에 담아 분리수거장에 유기했다.

하지만 가장 확실한 범행 증거인 전 남편의 시신이 확보되지 않아 고유정이 입을 열기 전까지는 범행 수법 등은 미스터리로 남을 가능성이 높았다. 수사가 장기화될 가능성도 있었다.

또 하나의 의혹이 고유정을 따라다녔다. 고유정의 의붓아들 (5세)이 전 남편이 살해되기 석 달 전 집 안에서 사망한 사실이 드러났다. 의붓아들은 2019년 3월 2일 오전 10시쯤 집 안방에서 아버지 B씨(고유정이 재혼한 현 남편)와 함께 잠을 자다가 숨진 채 발견됐다. 고씨 부부는 경찰에서 "자고 일어났더니 아이가 숨져 있었다. 왜 숨졌는지 모르겠다"고 진술했다. 당시 아이는 B씨와 함께 침대 위에서 잤고, 고유정은 다른 방에서 자고 있었다. 국립과학수사연구원은 '질식에 의한 사망일 가능성이 있다'는 부검 결과를 경찰에 통보했다. 의붓아들의 몸에서는 외상이나 장기 손상이 발견되지 않았고 특별한 약물이나 독극물도 검출되지 않았다.

불길함이 감도는 가운데 두 사건의 연관성은 사람들의 머릿속에 떠나지 않았다. 의붓아들 의문사 관련 수사는 청주상당경찰서 수사팀이 전담했다. 수사팀은 제주경찰청으로부터 고유정의 휴대폰과 컴퓨터를 건네받아 현 남편과의 통화 내역, SNS 대화, 병원 처방 기록 등을 면밀히 살폈다. 하지만 뚜렷한 혐의점은 발견되지 않았다. 일단 타살과 과실, 자연사 등 모든 가능성을 열어놓고 수사해나갔다.

고유정은 2017년 11월 B씨와 재혼했다. 사망한 의붓아들은 B씨가 전처 사이에서 낳은 아이다. 의붓아들은 친조부모와 제주도에서 함께 살다가 사망하기 이틀 전인 2월 28일 청주로 올라왔다. B씨는 전 남편 살해 사건이 터진 뒤 고유정이 자신의 아들을 숨지게 한 정황이 있다며 검찰에 고소장을 제출했다.

B씨는 아들이 청주로 오기 며칠 전부터 고유정이 다른 방에서 자겠다고 한 점, 아들이 숨지기 전날 유독 자신이 깊은 잠에 든 점 등을 의심스런 정황이라고 주장했다. B씨에 따르면 부부는 2019년 상반기부터 제주에 있는 B씨의 친아들과 고유정의 친아들을 청주에 데리고 와 네 가족이 함께 살기로 의견을 모았다. 그러다 B씨의 아들만 먼저 청주로 올라왔다.

3

고유정의 진술 거부로 전 남편을 살해한 동기와 수법은 검찰도 명확히 규명하지 못했다. 고유정 측은 우발적 범행이라는 주장을 뒷받침하기 위해 범행 과정에서 부상을 입은 오른손에 대한 증거 보전 신청을 법원에 제기했다.

전 남편의 의료 기록에는 졸피뎀을 처방받은 사실이 없었다. 결국 누군가에 의해 졸피뎀 성분이 피해자의 몸속으로 들어간 것이다. 검찰은 고유정이 미리 구입한 졸피뎀을 음식물에 희석해 피해자로 하여금 먹게 한 것으로 판단했다. 특히 그의 휴대폰에 남아 있는 사진 중 3장이 범행을 입증할 주요 증거라고 판단했다.

펜션 내부에서 촬영한 사진 2장은 5월 25일 오후 8시 10분쯤 찍혔다. 먼저 촬영된 사진은 펜션 내부 안쪽에서 출입문을 향해 찍은 것이다. 사진 가운데 상단에는 오후 8시 10분을 가리키고 있는 시계, 오른쪽 아래는 전 남편의 흰색 신발이 담겨 있다. 또 다른 사진

속에는 펜션 내 부엌 싱크대 위에 그릇 2개와 즉석밥 용기 2개 등 모두 4개의 빈 그릇이 놓여 있다. 이중 일부에는 카레가 묻어 있다. 빈 그릇 사이에는 음료수, 오른쪽에는 고유정이 졸피뎀을 담아 보관했던 분홍색 파우치가 놓여 있다. 그 사진들은 범행 시각, 그리고 범행 도구인 졸피뎀이 피해자의 몸속으로 들어가는 범행 과정이었다.

나머지 사진 1장은 5월 28일 오후 고유정이 승선한 완도행 여객선에서 촬영한 것이다. 그는 이날 저녁 8시쯤 차량을 몰아 여객선에 오른 뒤 차량 트렁크에서 캐리어를 꺼내 저녁 8시 50분에 5층 갑판으로 향했다. 이어 4분 뒤인 저녁 8시 54분 고유정은 5층 갑판에서 피해자의 시신 일부가 들어 있으리라고 추정되는 캐리어를 촬영했다. 또 35분 뒤인 밤 9시 29분에는 주위에 다른 승객들이 있나 살핀 다음 캐리어에서 검은 비닐봉지 5개를 꺼내 5분간에 걸쳐 바다에 버렸다.

검찰은 디지털 포렌식을 통해 확보한 이들 사진을 제시하며 촬영한 이유 등을 물었지만 고유정은 모든 사안에 대해 '기억이 파편화돼 있다. 진술을 거부한다'는 말만 반복했다. 검찰은 의붓아들 사망 사건 고소인 현 남편 B씨를 조사하는 과정에서 "고유정은 의미 있는 행위를 하기 전에 검색을 하거나 사진을 찍는 습관이 있다"는 진술을 확보했다. 프로파일러 권일용은 언론 인터뷰에서 이렇게 사진을 남기는 것은 강박적 사고를 나타내는 행동이라며 "범행 시작, 실행, 종료를 사진으로 남긴 것"이라고 분석했다.

의붓아들 의문사 또한 두말할 필요 없이 그의 소행이라는 게 압도적인 여론이었다. 전 남편을 그리 할 정도면 의붓아들에게도 그런 짓을 못할 리가 없다는 것이다. 하지만 청주상당경찰서는 고유정은 물론, 현 남편 B씨의 과실치사 가능성도 열어두고 수사했다.

국과수는 부검 결과 '아들이 엎드린 채 전신이 10분 이상 눌려 새벽 5시 전후 질식사한 것으로 추정된다'는 소견을 냈다. 남편은 언론 인터뷰 등에서 잠결에 자신이 다리를 올려놓아 아들이 숨졌을 가능성을 일축해왔다. 상식적으로도 지지를 받았다. 다섯 살이나 되는 아이가 잠결에 어른 다리에 깔려 숨진다는 게 어색해 보이기 때문이다.

하지만 2018년 11월과 2019년 2월 부부의 카카오톡 대화 내용에는 남편의 '고약한 잠버릇'에 대한 이야기가 등장한다. 고유정이 '최근 몸으로 누르는 식의 잠꼬대를 하더라'며 남편을 걱정하는 대목이 나오고 '잠잘 때 심하게 뒤척이는 등 몸 버릇이 나쁘니 영양제를 사다 주겠다'며 남편에게 제안하는 대목도 있다.

2019년 9월 말 충북경찰청은 그동안의 수사 자료 등을 종합 검토한 결과 고유정이 의붓아들을 살해했을 가능성이 크다고 결론 내렸다. 프로파일러는 고유정이 현재 결혼 생활에 의붓아들이 걸림돌이 된다고 여겨 살해했을 가능성이 높다고 분석했다. 수사팀은 아이가 숨진 시간대(3월 2일 새벽 5시쯤)에 휴대폰으로 검색하는 등 고유정이 잠들지 않고 깨어 있었던 정황증거를 확보했다. 또 사건이 일어나기 며칠 전 집 컴퓨터로 질식사 관련 뉴스를 검색해본

것도 밝혀졌다. 해당 뉴스는 4년 전 친아들이 치매에 걸린 아버지를 베개로 눌러 질식시킨 사건이다.

그리고 고유정이 2018년 11월 수면제를 처방받아 보관해온 점도 의심스러운 정황이었다. 마침 국과수의 추가 정밀검사에서 현 남편 B씨의 모발에서 미량의 수면제가 검출됐다. 하지만 그 수면제를 B씨가 언제, 어떻게 먹었는지는 확인되지 않았다.

2019년 11월 검찰은 고유정에 대해 의붓아들을 살해한 혐의로 추가 기소했다. 검찰은 2018년 10월부터 2019년 2월까지 고유정이 두 차례 유산을 반복하는 과정에서 현 남편이 유산한 아이와 자신에 대한 관심보다 숨진 의붓아들만을 아끼는 태도를 보이자 적개심을 갖고 범행을 저지른 것으로 봤다. 공소장에는 고유정이 3월 1일 밤 9시에서 10시 사이 현 남편 B씨가 의붓아들을 씻기는 동안 보관해온 수면제를 가루로 만들어 남편이 마실 찻잔에 넣었다고 적었다. 이어 고유정이 현 남편에게 차를 마시게 해 깊은 잠에 빠지게 한 뒤 3월 2일 오전 4시부터 6시 사이 B씨와 의붓아들이 함께 있는 방에 들어가 B씨가 잠에 취한 것을 확인하고 의붓아들을 살해했다고 했다.

검찰은 의붓아들 살해 사건도 치밀하게 계획된 범행이라고 주장했다. 2018년 10월 고유정은 1차 유산하고 일주일 뒤 B씨가 SNS 프로필 사진을 의붓아들 사진으로 바꿨을 때 강한 불만을 표현한 메시지를 B씨에게 보냈다. 또 의붓아들의 사망 책임을 B씨의 잠버릇 때문인 것처럼 보이기 위해 2018년 11월부터 B씨의 잠버릇 문제를 계속 거론했다는 것이다.

법의학자는 법정에서 아이가 의도적인 외력에 의해 질식사했다고 설명했다. 경찰 수사 과정에서 제기됐던, 함께 잠을 자던 현 남편 B씨의 다리에 눌려 아이가 사망했을 가능성에 대해서는 부정적 의견을 제시했다.

"피해 아동이 발견됐을 당시 침대를 향했던 얼굴 부위에 난 평행선 형태의 혈흔 자국과 침대 이불 패턴이 동일하다는 점 등을 볼 때 엎드려 있는 상태에서 지속적으로 머리와 몸통에 걸쳐 넓게 압박이 가해졌을 것으로 판단된다. (…) 아동의 덩치가 또래에 비해 상대적으로 작다고 하지만 성인의 다리가 몸에 걸쳐진 것만으로 질식사하기는 어렵다. (…) 다리가 몸에 걸쳐져 숨을 쉴 수 없다면 아동이 무의식적으로 몸을 비틀거나 발작하는 등 반응이 있어 얼굴의 혈흔 자국과 침대 이불 패턴이 동일하게 나타나지 않을 것이다. 결과적으로 피해자가 반응하지 못할 정도의 강한 외력이 지속적으로 가해져 숨졌을 것으로 보인다."

다만 국과수 부검의는 "목 주변에 상처 등 손상이 없고 골절 등이 없는 점을 감안할 때 목이 졸려 숨지는 경부 압박 질식사의 가능성은 낮다"고 판단했다. 결국 부검의와 법의학자는 잠을 자던 어른에 의해 눌려 사망했을 가능성은 희박하고 돌연사는 숨진 아동에게는 해당되지 않는다고 답변했다. 그것은 아이가 누군가에 의해 고의로 살해됐다는 부검 결과였다.

결심공판에서 검찰은 고유정에 대해 사형을 구형했다. "피고인

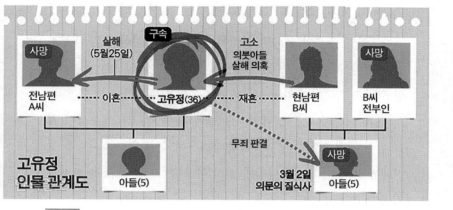

그래픽 강준구

고유정은 아들 앞에서 아빠(전 남편)를, 아빠(현 남편) 앞에서 아들을 참살하는 반인륜적 범행을 저질렀다"고 설명했다.

마지막 결론을 내리기 전 재판부는 수면제 등을 구하게 된 경위, 현 남편 B씨와 싸우던 도중에 뜬금없이 B씨의 잠버릇에 대해 언급한 이유, 피고인의 아이가 아니라 B씨의 아들인 피해 아동을 먼저 청주 집으로 오도록 설득한 이유 등에 대해 자세히 물었다. 그러나 고유정은 대부분 횡설수설하며 기억이 안 난다고 대답했다.

2020년 2월 20일 1심 재판부는 고유정에게 무기징역을 선고했다. 전 남편 살해 혐의에 대해서는 계획범죄로 인정한 반면 의붓아들 사망 사건은 직접증거가 부족하다며 무죄로 판단했다. 재판부는 사전에 철저히 계획한 살인이라는 근거로 전 남편의 혈흔에서 고유정이 구입한 졸피뎀이 검출된 점, 범행 장소에서 나온 혈흔을 분석한 결과 흉기를 여러 차례 휘두른 것으로 보이는 점, 범행 도구나 방법, 장소 등을 사전에 검색하거나 구입한 점 등을 제시했다.

재판부는 의붓아들 사망 사건에서 검찰이 제시한 증거 대부분을 인정하지 않았다. 현 남편의 모발에서 수면제 성분이 검출됐지만 그것으로 고씨가 차에 희석해 먹였음이 증명됐다고 볼 수 없다.

"피해 아동이 같은 또래의 아이들에 비해 왜소하고, 통상적 치료 범위 내에 처방받은 감기약의 부작용이 수면 유도 효과임을 고려해봤을 때 아버지의 다리에 눌려 사망했을 가능성 등을 배제하기는 어렵다."

2020년 7월 15일 항소심 재판부도 무기징역을 선고하면서 의붓아들 살해 혐의에 대해서는 1심과 같이 무죄로 판단했다. 2020년 11월 5일 대법원은 원심의 결론을 유지해 무기징역을 확정했다.

고유정은 2019년 6월 1일 오전 10시 30분쯤 청주 집 지하 주차장에서 경찰에 체포되는 순간에도 차분한 태도로 혐의를 부인했다. 쓰레기를 버리러 가던 도중 갑작스레 형사들이 나타났지만 침착함을 잃지 않았다. 형사가 그에게 "살인죄로 체포합니다. 긴급 체포하겠습니다"라고 말한 뒤 미란다원칙을 고지하고 곧바로 수갑을 채웠다. 그 과정에서 그는 억울하다는 표정을 지으며 "왜요?", "그런 적 없는데, 내가 당했는데…" 등의 말을 하며 대응했다. 그는 긴급 체포 당시 범행을 부인했던 것과 달리 제주로 이송되는 중간에 전 남편을 살해했음을 시인했다. 호송차 안에서 그는 "경찰이 이렇게 빨리 올 줄 몰랐어요. 내가 죽인 게 맞습니다"고 했다.

사건 일지 _____

2019년 3월 2일 고유정의 의붓아들, 침대에서 숨진 채 발견.

5월 9일 면접교섭권에 대한 가사소송에서 전 남편이 승소.

5월 17일 고유정, 청주 한 병원에서 졸피뎀 성분이 든 수면제를 처방받아 인근 약국서 구매.

5월 18일 고유정, 자기 차로 제주로 배 타고 들어감.

5월 20일 전 남편에게 전화해 면접교섭 장소를 청주에서 제주로 바꿈.

5월 22일 제주 시내 한 마트에서 흉기와 청소 도구 등 구매.

5월 25일 저녁 8시에서 밤 9시 16분 사이 제주 무인 키즈펜션에서 전 남편을 살해.

5월 27일 펜션에서 1차로 시신 훼손한 뒤 퇴실.

5월 28일 완도행 여객선에서 밤 9시 30분쯤 시신(추정) 유기.

5월 29일 부친의 집인 김포 아파트에서 남은 시신을 훼손한 뒤 유기.

5월 31일 주거지인 청주로 이동.

6월 1일	제주동부경찰서, 청주 자택에서 고유정을 긴급 체포.
7월 1일	제주지방검찰청, 전 남편 살해 혐의로 고유정을 구속 기소.
11월 7일	제주지방검찰청, 의붓아들 살해 혐의로 고유정을 추가 기소.
2020년 2월 20일	제주지방법원, 고유정에게 무기징역 선고. 전 남편 살해 혐의는 유죄로, 의붓아들 사망 사건은 무죄로 판단.
7월 15일	광주고등법원, 1심 판결 유지.
11월 5일	대법원, 원심의 결론을 유지해 무기징역 확정.

14

인천 12세 초등생 학대 사망 사건

계모에게 연필 200번 찔리고 의자에 16시간
묶였다 숨졌는데, '살해' 아니라는 법원

1

이군이 계모 이씨(43세)가 누워 있는 안방으로 와 발을 붙잡으
며 말을 걸었다. 앞으로는 정말 잘하겠다는 사과와 다짐이었다. 이
씨는 이군을 뿌리치며 밀쳤다. 이에 이군이 넘어지면서 바닥에 머
리를 부딪쳤고 그 직후 의식을 잃었다. 2023년 2월 7일 오후 1시
~1시 12분에 벌어진 일이다.

이씨는 거실로 나와 이군의 친부인 남편 이씨(40세)에게 전화를
걸었다.

"여보, 차 키 들고 집으로 빨리 와봐. 집으로 빨리 와줘."

곧바로 이군의 방과 주방, 안방에 설치된 홈캠들을 해체해 휴지
통 등에 버렸다. 재차 남편에게 전화를 걸었다.

"어디야? 아이가 넘어졌는데 안 일어나. 나, 잡혀가면 어떡해. 숨을 안 쉬어. 여보, 나 좀 살려줘."

아내의 전화를 받고 집으로 달려온 남편은 상황을 파악한 뒤 오후 1시 43분 119에 신고했다. 119구급대가 인천 남동구 논현동 아파트에 도착했을 때 이미 아이는 호흡과 맥박이 없는 심정지 상태였다. 심폐소생술 조치를 취한 뒤 인근 병원으로 옮겨졌지만 사망했다.

아이의 몸은 성한 데가 없을 정도로 멍 자국으로 뒤덮여 있었다. 소방 당국의 요청을 받고 출동한 경찰은 학대한 정황을 확인하고 친부와 계모를 긴급 체포했다. 하지만 친부는 "아이가 자해해서 생긴 상처"라며 학대 혐의를 부인했다. 아이에게 주의력결핍과잉행동장애(ADHD)가 있다고도 했다. 경찰은 아이에게 동생이 둘 더 있다는 사실을 확인하고 부모와 분리해 아동 보호 시설로 인계했다.

숨진 이군은 2022년 11월 24일부터 학교에 나오지 않았다. 학교 측은 그해 12월 계모를 불러 상담을 진행했다. 당시 계모 이씨는 이군과 함께 학교를 찾아 "아들이 홈스쿨링을 하며 필리핀 유학을 준비하고 있다"고 말했다. 학교 측은 학생의 소재와 안전이 확인된 이상 가정 방문은 따로 하지 않았다. 예전에도 아이가 가정 체험학습을 신청해 학교에 나오지 않은 적이 여러 번 있었다. 출석 인정을 받지 못해 미인정 결석 학생이자 집중관리 대상자로 분류된 상태였다.

2023년 2월 9일 인천 남동구 한 장례식장에 마련된 12세 초등학생 이군의 빈소 모습.
사진 한국일보

다음 날 경찰 조사에서 부부는 훈육을 위해 아들을 때린 사실이
있다며 혐의를 일부 인정했다. 특히 친부는 자신은 안 때렸으며 아
내가 때리는 것을 본 적이 있다고 했다. 이후 둘은 아동학대치사와
상습아동학대, 상습아동유기·방임 혐의로 구속됐다.

2022년 3월 9일 돈을 훔쳤다는 이유로 드럼 스틱으로 이군의
종아리를 10회 때린 것이 학대의 시작이었다. 이후 계모는 2023년
2월 7일까지 11개월간 혼자 또는 남편과 함께 50차례 신체적·정
서적으로 학대했다.
이군이 거짓말을 하거나 말을 듣지 않고 산만하다는 이유로 스

트레스를 받던 계모는 2022년 4월 유산한 뒤 그 책임을 아이에게 돌렸다. 검찰은 계모가 의붓아들을 양육하는 것에 불만을 품고 있다가 유산한 뒤 의붓아들을 미워하는 감정이 '죽여버리고 싶을 정도로' 커졌다고 공소장에 적었다.

계모는 공부를 하지 않는다며 문제집으로 때려 오른뺨에 멍이 들게 하고, 음식을 먹고 침대 밑에 숨겨놓았다는 이유로 폭행했다. 남편이 약속한 시간에 귀가하지 않아 기분이 나쁘면 그 화풀이로 "이 XX새끼야"라고 욕설하고, 성경 베껴 쓰기를 제대로 하지 않았다며 때리고 4시간가량 벽을 보고 무릎을 꿇게 했다. 방에 설치한 홈캠 카메라를 처다본다는 이유로 "정신 나간 새끼야"라고 폭언하기도 했다.

한 달에 1~3차례였던 계모의 학대 행위는 2022년 10월부터 잦아졌다. 그해 11월에만 15차례 신체적·정서적 학대가 있었다. 늦잠을 자고 장난치고 웃었다는 이유로 벌을 세웠고, 반성해야 하는 시간에 방 밖에 나왔다며 눈을 가리고 의자에 묶었다. 그럴 때 남편에게 때리라고 시키기도 했다.

이군은 집중력이 높아진다는 말에 따라 그해 9월부터 매일 아침 6시~6시 30분에 일어나 성경 필사를 해야 했다. 제대로 하지 못하면 벌을 받거나 맞았다. 11월 24일부터는 홈스쿨링을 이유로 학교에 가지 못했다.

친부는 아이에게 ADHD 증상이 심해 학교생활에 문제가 있다는 아내의 말을 믿었다고 주장하지만 그런 명분으로 아이를 사실상 방치했다. 5학년 담임교사 등은 "(학교에서) 너무나 잘 지낸 아이였다. 많이 나오지 않아 걱정했을 뿐 학교에 나올 때는 정말 잘했다"고 말하고 "ADHD로 보이는 행동은 없었다"고 증언했다. 친부는 아들이 지속적인 학대에 노출돼 있음을 잘 알고 있으면서도 아내를 말리지 않았다. 오히려 아내의 기분을 살피며 학대에 동조하거나 묵인했다. 이후 학대의 강도는 점차 강해졌다.

상습적인 학대를 받으면서 이군의 내면도 위축되고 피폐해져갔다. 보통 일기에 바닥 청소, 화장실 청소, 쓰레기 버리기 등 집안일을 하거나 성경 필사를 하다가 혼났다는 내용을 써왔는데, 2022년 12월 28일 일기에 '나는 죽어야 된다. 내가 있으면 모든 게 다 불행해진다. 치매 걸려서 죽고 싶다'고 쓸 정도로 상태가 악화됐다.

2023년 1월 말 이군이 피부에 괴사가 일어나고 입술과 입 안에 화상을 입어 음식을 제대로 먹지 못하는 상황에서도 계모는 병원에 데려가지 않았다. 오히려 학대의 강도를 높였다. 2월 초 이군의 허벅지 등을 연필로 200회 넘게 찔렀다. 이때 피가 많이 나는 등 이군의 영양 상태가 매우 부실해지고 신체 전반의 기능이 떨어졌다.

계모는 2월 4일 오후 방에서 훔친 물건이 나왔다는 이유로 알루미늄으로 된 선반받침용 봉으로 전신을 수십 회 때렸다. 또 2월 5일 오후 5시부터 다음 날 오전 3시까지, 또 오전 3시 30분부터 9시 25분까지 16시간 동안 이군을 책상 의자에 수건과 커튼 끈으로 묶어놓기도 했다. 2월 6일 오전 9시 25분 방에서 동생들의 세뱃돈 등이 나왔다는 이유로 선반받침용 봉과 플라스틱 옷걸이로 수십 회 때리고, 같은 날 오후 1시부터 3시까지 2시간 동안 책상 의자에 다시 묶어뒀다.

이군은 사망 전날부터 몸 곳곳에서 내부 출혈이 발생해 통증으로 제대로 걷지 못하고 옆으로 쓰러졌다. 잠을 자지 못하고 신음하는 그를 계모는 홈캠을 통해 지켜만 봤다. 2월 7일 오후 1시쯤 계모는 안방 침대에 누워 있는 자신의 다리를 붙잡고 사과하는 이군을 양손으로 밀쳐 넘어뜨렸다. 바닥에 머리를 부딪친 이군은 결국 숨졌다. 사인은 '여러 둔력에 의한 손상'이었다. 단단한 물건에 신체 여러 부위가 부딪쳐 훼손되면서 숨졌다는 말이다.

숨질 당시 이군은 키 148센티미터에 몸무게 29.5킬로그램으로 심각한 저체중(또래 평균 45킬로그램) 상태였다. 한참 성장할 나이에 2021년 12월 20일 38킬로그램이었던 몸무게가 1년 2개월 만에 8.5킬로그램이나 빠졌다. 사망 당시 두 다리에만 상처가 232개나 있었다.

검찰은 장기간 학대를 당한 이군이 2월 4일부터 6일까지 사흘간 학대 행위를 견디다 못해 숨졌다고 판단했다. 법정에서는 이군이 사망에 이를 수도 있음을 인식하고 '죽더라도 상관없다는 심정으로' 학대해 사망하게 했으므로 계모에게 미필적으로나마 살인의 고의가 있었다고 주장했다.

2

"판사님 부끄럽지 않으세요?"

2023년 8월 25일 오후 인천지방법원 제324호 법정. 재판부가 계모 이씨에게 아동학대살해가 아니라 아동학대치사를 적용해 징역 17년을 선고했을 때 방청석에서 고성이 쏟아졌다. 곧이어 친부 이씨에게 상습아동학대와 상습아동유기·방임을 적용해 징역 3년을 내릴 때 소란은 더욱 커졌다.

계모와 친부의 잔혹한 학대 행위는 사회적 공분을 일으켰다. 2020년 10월 국민적 분노를 샀던 16개월 영아 '정인이 사건'과 닮아서 더욱 그랬다. 검찰 역시 결심공판에서 "범행 수법이 잔혹하고 사실관계가 '정인이 사건'과 유사하다"며 법정 최고형인 사형을 내려달라고 요청했다.

그러나 두 사건에 대한 법원의 판단은 달랐다. 정인이를 학대해 사망에 이르게 한 양모는 살인죄가 적용돼 대법원에서 징역 35년이 확정된 반면, 이군을 사망케 한 계모는 치사죄만 적용됐다. 이군 사건은 정인이 사건과 무엇이 달랐을까?

검찰은 계모 이씨가 2022년 4월 유산하고 같은 해 8월 재차 임신하는 과정에서 이군에 대한 미움이 커졌고 결국 살해로 이어졌다고 봤다. 반면 재판부는 '이군 양육으로 인한 스트레스'와 '불만과 유산으로 인한 미움'이 살해 동기로는 여러모로 부족하다고 했다. 남편과의 사이에 두 아이를 두고 있고 당시 출산 예정일이 불과 넉 달 남은 상황에서, 오랜 기간 친자녀와 떨어져 돌보지 못하게 되는 결과를 감수할 정도로 이군을 미워했느냐는 것이다. 2023년 5월 구치소에서 수감 중에 출산한 이씨는 그동안 재판에 갓난아기를 메고 출석해왔다. 선고를 들을 때도 품에 안은 아기를 매만졌다.

이씨가 남편의 부모인 이군의 조부모에게 양육을 맡기거나 이군을 해외로 유학을 보내는 것을 검토한 점도 고려했다. 그런 대안이 있는 상황에서 곧바로 '살인'이라는 최후의 수단을 썼으리라고는 보기 어렵다는 것이다.

이씨가 폭행하기 전에 홈캠을 없애지 않은 점도 그렇다. 검찰은 그것은 계획적 살인이 아닌 사정일 뿐 순간적인 분노에 따른 살해에도 미필적 고의가 있을 수 있다고 주장했다. 이에 재판부는 검찰이 공소사실에서 사망 사흘 전 이씨의 구체적 범행을 4단계로 구분한 점을 지적했다.

즉 검찰은 2023년 2월 4일 오후 알루미늄으로 된 선반받침용 봉으로 이군의 온몸을 수십 차례 때린 행위, 2월 5일 오후 5시부터 다음 날 오전 9시 25분쯤까지 16시간 동안 이군을 책상 의자에 수건 등으로 묶어둔 행위, 2월 6일 오전 9시 25분쯤 선반받침용 봉과 플라스틱 옷걸이로 피해자의 온몸을 수십 차례 때린 행위, 2월 6일 오후 1시~3시 피해자를 의자에 묶어둔 행위로 구분했다.

하지만 재판부는 이씨가 극도의 분노감에 순간적으로 살해하려 했다면 굳이 폭행을 중간에 스스로 중단하고 사흘에 걸쳐 나눠 실행하려 했겠느냐고 물었다(16시간 의자에 묶어놓은 것도 사망에 영향을 쳤다고 검찰은 따졌지만 수긍하지 않았다). 검찰은 2월 4일 오후에 때린 것과 2월 6일 오전에 때린 것을 모두 살인 행위로 적고 있지만, 재판부는 이씨가 그 시점에 이군이 사망하지 않았는데도 때리기를 중단한 점을 감안하면 이 기간 이뤄진 학대 행위를 하나의 행위로 봐 살인의 고의를 추정할 수는 없다고 봤다. 결국 이때의 학대 '행위들' 가운데 살해의 고의를 가졌다고 볼 만한 특정 행위를 특정할 수 없다는 게 재판부의 판단이었다.

사망 원인에서도 살인의 미필적 고의는 안 보인다고 했다. 부검 감정서에 의하면 이군에게서 외부 출혈이나 골절, 내부 장기 손상 등 사망의 원인으로 볼 만한 손상이 발견되지 않았다. 신체 전반에 넓게 퍼져 있는 멍과 피하에 형성된 내부 출혈뿐이다. 부검을 진행한 국립과학수사연구원 법의관은 이렇게 의견을 냈다.

"사인을 '여러 둔력에 의한 손상'이라 감정한 것은 일회적인 손상이 아니라 피해자의 신체 여러 부위에 다발적으로 작용한 손상이 축적된 결과 사망했기 때문이고, 여러 손상 중 특정 신체 부위에 발생한 손상에 특별히 사망 원인으로 우선순위를 줄 수 없다."

이군의 몸에서 발견된 수많은 손상 중에 사인으로 볼 만한 특별한 손상을 구분할 수 없다는 것. 이씨의 학대와 이군의 신체에서 사망에 이르게 하는 '즉각성' 있는 행위와 부위가 발견되지 않는다면 그만큼 살해 고의와는 멀어진다. 더구나 이씨가 직접적인 폭력을 행사한 최종 시점은 2월 6일 오전이고 이군이 사망한 것은

2월 7일 오후 1시쯤이라 만 하루 이상의 시차가 난다.

사망하기 전날인 2023년 2월 6일 오전부터 크게 맞았던 이군은 오후 3시 45분쯤 집 근처 편의점에서 음료수를 사 먹었다. 편의점 CCTV에 찍힌 이군은 멍한 표정에 극도로 불안한 모습이었고 처진 얼굴 근육들은 심한 영양 결핍을 그대로 드러냈다. 그날 이씨는 그런 이군을 데려와 저녁식사를 챙겨줬다. 식사 후 이군과 함께 쓰레기를 버리러 나왔을 때 아이가 쓰레기봉투를 들기 힘들어하고 들다가 넘어지거나 한쪽에 몸을 기댄 채 고개를 숙이고 있는 모습을 지켜봤다.

수사기관의 조사에서 "이군을 폭행하면서 위험 수위에 왔다거나 큰일이 나겠다는 생각은 들었나요?"라는 질문에 이씨는 "죄송합니다. (2월) 6일 날 느꼈습니다"라고 답했다.

그럼에도 재판부는 이씨가 자신이 과도한 폭력을 쓰고 있음을 자각하기는 했어도 최악의 결과는 이군의 골절상이라고 생각했지 사망에까지 이르리라고는 예견하지 못했다고 봤다. 즉 이군에 대한 폭력 행사는 살해가 아니라 고통이 목적으로 보인다고 했다. 이군이 사망하기 전 거실과 주방, 이군의 방에 설치된 홈캠을 없애려고 시도하지 않은 점을 봐도 그렇다. 119에 신고하고 경찰이 도착하기까지 여러 증거를 인멸한 시간이 충분했는데도 내버려둔 것은 피해자의 사망을 예상한 사람의 행동이 아니다.

2024년 2월 2일 서울고등법원은 살해의 고의가 없었다는 1심 판단을 그대로 유지해 같은 형량을 각각 선고했다.

15

이기영 파주 연쇄살인 사건

택시기사를 살해한 30대,
집주인인 동거녀의 행방도 묘연

1

60대 택시기사가 경기 파주의 한 아파트 옷장에서 숨진 채 발견됐다. 2022년 12월 20일 밤 10시쯤 이기영(32세)은 경기 고양의 한 도로에서 음주운전을 하다 A씨가 운전하는 택시와 접촉 사고를 냈다. 사고 직후 그는 "음주 사고이니 경찰을 부르지 않는다면 집에 가서 현금으로 합의금과 수리비 등을 주겠다"며 A씨를 파주에 있는 자기 집으로 데리고 갔다. 그렇게 유인해 합의금 지급을 면하고 경찰에 신고하지 못하게 할 생각이었다.

택시기사를 살해한 뒤에도 이기영은 평소와 같이 생활했다. A씨의 휴대폰으로 온 피해자 가족의 문자메시지에 "바쁘다. 배터리가 없다"고 답장을 보내 피해자인 척했고, 사건이 벌어진 아파트의 주차장에 있던 A씨의 택시를 1킬로미터 떨어진 인근 공터로 옮겨놓았다.

12월 25일 오전 3시 30분쯤 A씨의 가족은 A씨가 전화를 받지 않고 "바빠" 등 짧은 문자메시지만 보내는 점을 수상히 여겨 경찰에 실종 신고를 했다.

"아버지가 엿새째 집에 들어오지 않고 있다. 30분 전에 카톡을 했는데 다른 사람인 듯하다."

이어 같은 날 오전 11시 22분쯤에는 해괴한 신고가 112에 접수됐다.

"(파주시) 남자친구 아파트 옷장 안에 죽은 사람이 있어요."

이기영의 여자친구는 아파트에서 키우는 고양이에게 줄 사료를 찾기 위해 옷장을 열었다가 시신을 발견했다.

경찰이 출동해 현장을 확인해보니 옷장 속의 시신은 실종 신고된 A씨였다. 이후 집주인을 유력한 용의자로 보고 추적에 나섰고 그날 정오 무렵 고양의 한 대학병원에서 손목 치료를 받고 있던 이기영을 긴급 체포했다. 사건이 일어난 지 닷새 만이었다.

경찰 조사에서 이기영은 "A씨가 요구한 합의금이 예상보다 많아 합의가 안 됐고 그 과정에서 A씨가 112에 신고하려 해 우발적으로 둔기로 살해했다"고 진술했다. 이기영은 범행 이후 본인 차량과 택시의 블랙박스 기록을 모두 삭제했다. 경찰은 정확한 사건 경위 파악을 위해 국립과학수사연구원에 시신 부검을 의뢰하는 한편 두 차량의 블랙박스와 이기영의 휴대폰 등에 대한 디지털 포렌식도 진행했다.

이기영은 택시기사를 살해한 지 12시간이 채 지나지 않은 12월 21일 오전부터 A씨의 신용카드로 귀금속을 구입해 여자친구에게 선물하고 술값과 유흥비를 결제했다. 또 A씨의 수첩에 있던 패턴을 보고 휴대폰 잠금을 푼 뒤 수천만 원의 대출을 받았다. 신용카드 사용액과 대출금을 합하면 편취한 금액만 닷새간 5500만 원에 달했다. 수사팀은 애초부터 직업이 없는 그가 금품을 노리고 범행을 계획했을 가능성을 감지했다.

그런데 파주 아파트의 소유주는 이기영이 아니라 한때 동거했던 50대 B씨였다. 해당 여성과 연락이 닿지 않자 수사팀은 불길한 예감에 사로잡혔다. B씨에 대한 실종 신고가 접수된 적도 없었다. 수사팀은 모든 가능성을 염두에 두고 소재 파악에 나섰다. 이기영은 "B씨가 지방 출장을 가서 (자신이) 그 집에서 살고 있었다"고 진술했다.

B씨는 수개월간 '생활 반응'이 없었다. 이윽고 이기영의 소지품과 차량 뒷좌석에서 B씨의 휴대폰과 혈흔이 발견됐다. 이를 토대로 수사팀이 추궁하고 압박하자 이기영은 또 다른 범행을 자백했다. 12월 27일 이기영은 "2022년 8월 같이 살던 B씨를 둔기로 살해하고 시신을 파주 공릉천에 유기했다"고 털어놨다. 경찰은 그가 지목한 장소 주변에 경찰 병력과 수색 장비를 투입해 시신 수색에 나섰다.

이기영이 동거녀의 시신을 캠핑용 왜건에 담아 옮기려다 크기가 맞지 않아 천으로 된 차량용 루프백(차량 지붕 위에 설치하는 짐 가방)에 담아 유기했다고 함에 따라 경찰은 다이버들을 투입해 수중 수색 작업을 병행했다. 다만 범행 이후 5개월 가까이 지난 데다 그해 여름 집중 호우가 이어져 시신을 찾는 데는 상당한 시간이 걸릴 것 같았다. 공릉천 일대의 유실 지뢰 사고 위험 때문에 수색이 장기화할 가능성도 있었다.

이기영은 동거녀를 살해한 뒤 피해자의 신용카드를 이용해 1천만 원 대출을 받았다. 이를 보면서 수사팀은 택시기사를 집으로 유인한 것도 추가 범행을 노린 계획범죄였다고 판단했다. 이기영은 두 건의 범죄에서 자신보다 나이가 많은 피해자를 둔기로 살해하고 시신을 유기한 뒤 피해자의 신용카드 등을 이용해 금품까지 갈취했다. 즉 두 사건에서 사소한 다툼→살인→시신 유기→금품 갈취라는 유사한 범행 패턴을 보였다.

살인을 저지른 직후 피해자들의 휴대폰으로 마치 피해자들이 살아 있는 것처럼 활동한 정황도 유사했다. 동거녀를 살해한 뒤에는 피해자의 휴대폰 메신저 프로필 사진을 두 차례 바꾸는 등 직접 관리했고, 택시기사를 살해한 뒤에도 피해자의 휴대폰 문자메시지로 닷새 동안 유족과 태연히 연락을 주고받으며 피해자인 척했다.

초기 조사에서 이기영에게서 사이코패스 성향은 나타나지 않았다. 이웃 주민들도 "평소 이상행동을 보이는 등 특이점은 없었다"

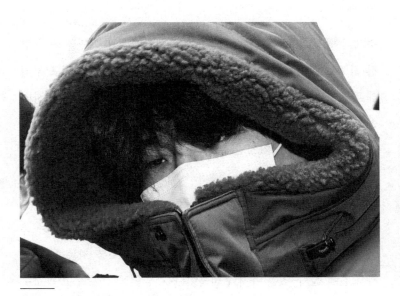

동거녀와 택시기사를 살해한 혐의로 구속된 이기영이
2023년 1월 4일 경기 일산동부경찰서에서 검찰로 이송되고 있다. 사진 한국일보

고 말했다. 하지만 전문가들은 그의 반사회적 성격장애 가능성에
주목했다. 윤정숙 한국형사정책연구원 실장은 "사소한 시비에 살
인까지 저지르고 시신을 유기한 전 동거녀의 집에서 수개월간 지
낸 것을 볼 때 이씨는 강한 반사회적 성격장애를 가진 사이코패스
성향에 가까운 것 같다"고 말했다. 경찰은 재차 프로파일러를 투
입해 그의 반사회적 성향을 들여다보기로 했다.

돌연 이기영은 "시신을 하천변 땅에 묻었다"며 동거녀의 시신
을 유기한 장소를 번복했다. 당초 지목한 지점에서 2킬로미터 떨
어진 다리 근처에 땅을 파 매장했다고 말을 바꿨다. 추운 날씨가
이어지면서 주변 땅이 얼어붙는 통에 경찰은 중장비 등을 동원해

수색에 나섰다. 하지만 수색 범위를 공릉천변부터 서해를 거쳐 한강 하구로 이어지는 9킬로미터까지 넓혀 굴착기와 수색견을 투입해 집중 수색했지만 시신을 찾지 못했다. 이기영이 범행한 지 사나흘 지나 파주 지역에 200밀리미터가 넘는 폭우가 쏟아져 시신이 유실됐을 가능성도 있지만, 그의 진술 번복 자체가 거짓말일 수도 있다.

곽대경 동국대 경찰행정학과 교수는 언론 인터뷰에서 "이기영이 자신의 입을 통한 진술에 경찰 수사가 좌우되는 상황을 즐기는 측면이 있다"고 진단했다. 이기영이 앞서 유기 장소를 지목하며 '내가 경찰에 줄 수 있는 마지막 선물이다'고 발언한 것을 두고 곽교수는 "(이기영에게) 특징적으로 나타나는 것이 허세"라고 꼬집었다.

2

유사한 범행 패턴에 비춰볼 때 추가 범죄가 있을 가능성도 제기됐다. 파주 아파트에서는 대여섯 명의 머리카락과 혈흔 등이 나왔다. DNA 검사 결과 이기영의 모친, 모친의 지인, 일주일간 동거한 여자친구, 집 안 청소를 하는 아주머니 등의 것으로 확인됐다. 이기영의 모친과 모친의 지인은 이기영이 경찰에 체포된 뒤 물건을 챙기러 집 안에 들어갔다. 일주일간 동거했던 여자친구는 최초 신고했던 여성과는 다른 인물이었다. 경찰은 연락을 취해 그들의 안전 여부를 모두 확인했다.

수사팀은 숨은 피해자가 더 있는지 확인하기 위해 이기영의 과거 행적과 통화 기록도 분석했다. 최근 1년간 그와 연락을 주고받은 380명의 소재를 대부분 파악한 결과 추가 피해자로 의심될 만한 정황은 나오지 않았다. 또 이기영이 과거 한 여성과 결혼했던 전력도 확인했지만 해당 여성은 범죄 피해를 당하지 않은 것으로 파악됐다.

이수정 경기대 범죄심리학과 교수는 언론 인터뷰에서 이기영에 대해 "(유영철, 강호순, 정남규) 세 가지 유형이 다 짬뽕된 타입으로 보이고 그들보다는 훨씬 더 인스턴트하고 치밀하지 못한 것 같다"고 설명했다. 즉 "대단히 즉흥적이고 인스턴트한 만남에 집착했던 사람이고 또 거기서 생활비를 조달하려고 했다는 것, 그런 것들이 이 사람의 특징"이라고 분석했다.

이기영은 택시기사의 시신을 옷장 안에 보관할 때 살해 도구로 쓴 둔기를 집 안에 그대로 뒀다. 이교수는 "(연쇄살인범들은) 둔기에 대한 집착이 좀 있다. 본인이 사용하기에 굉장히 간편하고 용이하다, 상대를 제압하기에 쓸모가 있다고 생각해 둔기는 쉽게 유기하지 않는다"고 말했다.

이웅혁 건국대 경찰학과 교수는 이기영이 범죄를 직업으로 삼은 것 같다는 분석을 내놓았다. 이웅혁 교수는 "이른바 직업으로서 범죄자의 길을 걷기 시작했다. 살해 행위 자체가 하나의 사업, 또는 비즈니스가 되었던 것은 아니겠나"라고 주장했다. 또 "살해 후 금전에 대해 아주 과시하며 호화 생활을 하고 자신의 실적인

양 주변에 재력가로 자랑하는 것은 마치 최고 경영자가 사업 수주를 해 이윤 구조를 봤다는 식의 사고방식을 가졌던 것 아니겠나"라고 진단했다. 이기영이 택시기사와 동거녀를 살해한 뒤 호화롭게 생활하고 있다는 점을 주변에 '실적'처럼 과시했다는 것이다.

이기영은 음주운전 전과 4범이었다. 2013년 처음으로 음주운전을 하다 적발됐다. 당시 군인 신분이었던 그는 그해 5월 서울 마포와 9월 인천에서 만취 상태로 운전하다 경찰 단속에 걸렸다. 처음 적발될 때 면허가 취소돼 두 번째 적발될 때엔 무면허 상태였다. 당시 그는 단속을 피하기 위해 경찰관을 매달고 2킬로미터를 도주했다. 제지하는 경찰관의 손을 물어 전치 3주의 상처를 입히기도 했다. 무면허 음주운전과 특수공무집행방해치상 등의 혐의가 적용돼 군사법원에 넘겨졌고 그해 10월 1년 6개월의 실형을 선고받고 육군 교도소에 수감됐다.

전역한 뒤에도 음주운전 습관을 고치지 못했다. 그는 2018년 12월 파주에서 술에 취해 차를 몰다 택시를 들이받아 2명을 다치게 했다. 이듬해 4월 법원은 택시기사와 합의한 점을 고려해 징역 8개월에 집행유예 2년을 선고했다. 하지만 이기영은 집행유예 기간인 2019년 11월 광주 동구에서 또다시 만취 상태로 차를 몰다 적발돼 징역 1년의 실형을 선고받았다.

수사팀은 그가 누범 기간 중 가중 처벌을 받을 것이 두려워 택시기사를 살해했을 가능성에 무게를 뒀다. 금고 이상의 형을 받은 사람이 형 집행이 종료된 뒤 3년 안에 동종 범행을 할 때 적용되는 누범은 최대 두 배까지 가중 처벌이 가능하다. 음주운전 탓에 네 차례나 형사처벌을 받은 그는 상습 음주운전으로 실형을 살고 나온 지 고작 1년여 만에 살인까지 저지른 것이다.

검찰은 금전적인 목적 외에 음주운전 누범인 이기영으로서는 실형을 예상하고 경찰 신고를 막기 위한 목적도 있었던 것으로 보고 '보복살인' 혐의를 추가했다.

이기영은 2017년 겨울 처음 만난 B씨와 2021년 12월부터 함께 살았다. 동거 생활은 순탄치 않았다. B씨에게 "내가 건물 여러 채를 가진 소유주의 손자다. 토목 관련 사무실과 자전거 관련 매장을 여러 개 운영해 재산과 수입이 많다"고 말했으나 실제로 그는 무일푼 신세였다.

변변한 직업도 없었다. 아버지에게 빌린 돈으로 생활하던 그는 돈이 떨어지자 B씨에게 경제적으로 의존했다. 다툼이 잦아지고 빚 독촉 등 압박이 더해지자 이기영은 이제 B씨의 재산을 노렸다. B씨를 살해하게 된 구체적 계기도 있었다. 2022년 7월 코로나19 소상공인 지원금을 타내려고 허위 매출세금계산서를 발급했다가 부과된 360만 원의 체납 세금과 230만 원의 백화점카드 연체 대금 압박이 이어지면서 이기영은 B씨의 돈을 강탈하기로 마음먹었다.

그는 2022년 8월 3일 인터넷에서 '먹으면 죽는 농약', '제초제 먹었을 때', '휴대폰 잠금을 해제하는 방법' 등을 검색하며 범행을 계획했다. 독극물 구입이 여의치 않자 당일 오후 3시쯤 집 안방에서 둔기로 B씨의 머리와 몸 곳곳을 10여 차례 내리쳐 살해했다.

범행 직후 이기영은 태연히 B씨의 신용카드와 체크카드로 8120만여 원을 이체하거나 결제하는 등 금전적 이득을 취했다. 또 아파트를 빼돌리기 위해 매매계약서를 위조해 매도를 시도하다 여의치 않자 이를 이용해 1천만 원의 대출을 받았다. 검찰은 택시기사 사건에만 적용했던 '강도살인' 혐의를 동거녀 사건에도 똑같이 적용했다.

이기영의 진술에 따르면, 살해 다음 날인 8월 4일 저녁 비가 많이 오는 틈을 타 그는 시신을 범행 도구와 함께 차량용 루프백에 담아 차량 트렁크에 싣고 공릉천변으로 이동한 다음 천변에서 땅을 파 매장했다.

2022년 12월 20일 밤 10시 50분쯤 이기영이 파주 아파트 문 앞에서 택시기사로 하여금 들어오게 유인할 때 피해자는 생사의 문턱을 넘고 있었다. 만약 경찰이 개입하게 되면 이기영이 저지른 범행이 전부 드러날 가능성이 높았다. 이기영이 합의금을 주지 않자 택시기사 A씨는 112에 신고하겠다고 했고 이를 저지하는 과정에서 몸싸움이 벌어졌다. 이번에는 시신을 작은방 옷장에 숨기고 끈으로 옷장 손잡이를 묶어두었다.

이기영은 동거녀 B씨를 살해한 뒤에도 그 살해 장소에서 다른 여성과 버젓이 생활했고 이후 불과 4개월 만에 음주운전 신고를 막기 위해 택시기사 A씨를 또다시 살해했다. 더 나아가 옷장 안에 시신을 넣어둔 채 한 여성을 집으로 초대하기까지 했다.

B씨를 살해하고 얼마 되지 않았을 무렵 이기영이 사는 집에 방문했다는 한 점검원은 언론 인터뷰에서 "(2022년) 9월 방문 당시 물어보지도 않았는데, 이씨가 '부모님이 돌아가셔서 큰돈을 상속받게 돼 서울에 아파트를 구입할 수 있게 됐다'며 자랑해 이상하다고 생각했다. '사모님(숨진 동거녀)은 왜 안 보이냐?'고 묻자 요즘에 이태원에 카페를 오픈해 정신이 없다고 말했다"고 했다.

이를 어떻게 봐야 할까. 검찰 수사 단계에서 이기영은 사이코패스로 분류됐다. 대검찰청 통합심리분석 결과에 따르면 그는 자기중심성과 반사회성 특징을 보이고 자신의 이득 앞에선 감정과 충동 조절 능력이 부족한 성향을 나타냈다. 이수정 교수의 진단처럼 그는 "남의 신분을 도용해 남의 재산으로 삶을 영위하는, 약탈하는 삶의 방식"(2022.12.28. CBS 라디오 '김현정의 뉴스쇼')을 갖고 있었다.

2023년 5월 19일 1심 재판부는 "이기영의 재범 가능성에 대해 강한 우려가 든다"면서도 이기영에게 사형이 아니라 무기징역을 선고했다. 재판부는 "만일 법이 허용했더라면 가석방 없는 무기징역형을 선택해 피고인을 사회로부터 격리하는 방안을 고려했을 수 있을 만큼 대단히 잔혹한 범죄에 해당한다"고 밝혔다. 이기영에게 사형을 구형했던 검찰은 즉각 항소했다.

2023년 10월 19일 항소심은 사형 선고를 할지 말지 고민에 고민을 거듭한 끝에 검찰의 항소를 기각하고 이기영에게 원심과 같이 무기징역을 선고했다.

사건 일지 _____

2013년 10월
이기영, 음주운전과 특수공무집행방해치상 등 혐의로 1년 6개월 선고받고 육군 교도소에 수감.

2019년 11월
이기영, 광주 동구에서 음주운전을 하다 적발돼 징역 1년 선고받음.

2022년 8월 3일
돈을 강탈하기 위해 파주 아파트에서 동거하던 50대 여성을 살해.

8월 4일
동거녀의 시신을 파주 공릉천변에 매장.

12월 20일 밤 10시
고양의 한 도로에서 음주운전을 하다 택시와 접촉 사고. 합의금을 주겠다며 택시기사 A씨를 파주 집으로 유인해 살해.

12월 25일 오전 3시 30분
A씨 가족이 경찰에 실종 신고.

12월 25일 오전 11시 22분
이기영의 여자친구, "남자친구 아파트 옷장 안에 죽은 사람이 있다"고 112에 신고.

12월 25일 정오
경기 일산동부경찰서, 고양의 한 대학병원에서 이기영을 긴급 체포.

12월 29일
신상정보공개 심의위원회, 이기영 신상 공개 결정.

2023년 1월 4일	일산동부경찰서, 택시기사와 동거녀를 살해한 혐의로 이기영을 검찰에 송치.
1월 19일	의정부지방검찰청 고양지청, 이기영을 강도살인, 사체유기, 사기, 여신전문금융업법 위반 등 혐의로 구속 기소.
5월 19일	의정부지방법원 고양지원, 강도살인죄 이기영에게 무기징역 선고.
10월 19일	서울고등법원, 이기영에게 원심과 같이 무기징역 선고.

16

제주 오픈카 사망 사건

"안전벨트 안 했네" 말한 뒤 급가속 "쾅",
옆자리에 탄 여자친구 사망

살인이냐 과실이냐. 제주도 여행 중 교통사고로 여자친구를 잃은 30대 A씨가 살인 혐의로 법정에 섰다. 검찰은 고의적으로 사고를 내 피해자를 살해한 것으로 봤고 변호인 측은 음주운전에 의한 과실이라고 맞섰다.

A씨는 2019년 11월 10일 새벽 제주 한림읍에서 술에 취해 렌터카를 몰다가 도로 연석과 경운기를 연이어 들이받는 교통사고를 냈다. 사고 차량은 지붕이 없는 오픈카여서 조수석에 타고 있던 여자친구 B씨가 차량 밖으로 튕겨 나가 중상을 입었다. 그 후 수술을 받고 9개월간 의식 불명 상태에 있다가 2020년 8월 숨졌다. 당시 A씨는 혈중알코올농도 0.118퍼센트로 면허 취소 수준이었고

B씨는 안전벨트를 하지 않고 있었다. 또 제한속도의 두 배를 넘는 114.8킬로미터로 달렸다.

경찰은 당초 교통사고처리특례법 위반(치사) 등 혐의로 A씨를 검찰에 송치했으나 검찰은 A씨가 여자친구가 안전벨트를 하지 않은 사실을 알고 살해하기 위해 고의로 사고를 냈다고 보고 살인 혐의를 적용했다. 사고 직전 B씨가 A씨의 이별 요구를 거절해온 점, 사고 19초 전에 A씨가 "안전벨트 안 했네?"라고 묻자 B씨가 "응"이라고 대답한 점, 사고 5초 전 A씨가 가속페달을 밟아 시속 114킬로미터까지 속도를 올린 점 등이 검찰이 고의성이 있다고 판단한 근거다.

재판 과정에서도 A씨의 '고의성'을 놓고 치열한 공방이 벌어졌다. A씨는 음주운전 사실은 인정했지만 고의성을 갖고 살인한 것이 아니라고 주장했다. A씨 변호인은 검찰 주장을 정면 반박했다.

"유족을 의식한 검찰이 무리하게 피고인을 살인 혐의로 기소했다. 검찰은 피고인이 사고 당시 브레이크를 밟은 사실도 무시했다. (…) 피고인은 자신의 잘못을 인정하며 망인과 유족에게 사죄의 마음을 갖고 있다. 실제 피고인과 망인은 결혼을 앞둔 연인 사이였다. 사고 무렵 다툰 적이 있기는 하지만 살해하려고 했다는 것은 말도 안 된다."

2021년 12월 16일 1심 재판부는 A씨에게 살인 혐의에 대해 무죄를, 음주운전 혐의에 대해 징역 1년에 집행유예 2년을 선고했다. 전복 등 큰 사고가 발생하면 오픈카라는 차량 구조상 안전벨트를 착용한 A씨 또한 큰 피해를 감수해야 하는데, 그런 피해를 감수하면서까지 범행을 저지를 동기가 부족해 보인다고 했다. A씨가 살해할 의도가 있었다면 B씨에게 "안전벨트 안 했네?"라고 물어 안전벨트를 착용할 여지를 주지 않았을 것이라는 얘기였다.

2022년 9월 28일 항소심 재판부 역시 살인 혐의에 대해 무죄를 선고했다. 다만 검찰이 항소심 과정에서 살인죄에 더해 예비적으로 추가한 특정범죄가중법상 위험운전치사 혐의에 대해 유죄로 판단해 징역 4년을 선고하고 A씨를 법정 구속했다.

2023년 1월 12일 대법원은 원심을 유지해 징역 4년을 확정했다. 이로써 A씨는 살인 혐의에 대해 무죄를 확정받았다.

사고가 위험운전 중에 저지른 과실 때문인지 고의가 있었는지를 가늠할 직접적이고 객관적인 증거는 나타나지 않았다. 그럼에도 재판부와 검찰 간의 시각차는 컸다. 살인 혐의에 대한 유무죄 판단이 처음부터 극명히 갈렸다. 검찰이 위험운전에 대해 1심에선 기소하지 않다가 항소심 과정에서야 예비적 공소사실로 추가한 것은 그런 간극 때문이다. 항소심 재판부는 1심의 살인 혐의에 대한 무죄 논리를 대부분 답습하고 위험운전에 대해서도 별도의 논증을 펼치지 않았다.

2019년 11월 9일 저녁 8시 40분부터 밤 11시 50분까지 두 사람은 제주 곽지 해수욕장의 벤치에서 술을 마셨다. 자정이 넘은 11월 10일 오전 0시 40분쯤 한림읍의 펜션 숙소로 돌아오는 길에 A씨

2019년 11월 10일 제주 오픈카 사고가 일어난 현장에 당시 사고 장면을 표시해둔 흔적이 명확히 남아 있다. 사진 YTN 뉴스

의 만류에도 B씨 자신이 운전하겠다며 운전석에 앉았다. 길을 몇 번 놓치고 사고의 우려가 커졌을 때 다시 A씨가 운전석에 앉아 오전 0시 55분쯤 펜션에 도착했다.

그런데 도착하고 바로 B씨가 "라면을 먹고 싶다"고 해 둘은 펜션에 들어가지 않고 오전 1시쯤 다시 돌아 나와 차를 몰고 해수욕장 쪽으로 향했다. 이때 A씨는 안전벨트를 착용했다. 출발한 차량에서 안전벨트 미착용 경고음이 울리자 A씨가 조수석에 앉아 있는 B씨에게 "안전벨트 안 했네?"라고 말했다. B씨가 "응"이라고 답했는데 A씨는 B씨가 안전벨트를 매는 것을 기다리지 않고 갑자기 급가속을 했다. 편도 2차로인 도로엔 마을 주민의 차량들이 주차돼 있었다.

펜션에서 174미터 떨어진 지점까지 시속 103킬로미터로 급히 가속했고 이후 좌로 굽은 구간이 나타났을 때 시속 72킬로미터로 속도를 줄였다. 굽은 구간에서 135미터 떨어진 지점까지 다시 가속해 시속 114.8킬로미터까지 달리다가 또 한 번 좌로 굽은 구간이 나타났을 때 대처하지 못하고 그대로 인도 쪽으로 돌진했다. 그러면서 연석과 돌담, 경운기를 차례로 들이받았다. 그 충격으로 안전벨트를 매지 않은 B씨가 차량 밖으로 튕겨 나갔다. B씨는 오전 1시 20분쯤 병원으로 실려 갔다.

1심 재판부는 휴대폰과 차량 블랙박스에 녹음된 둘의 대화 내용까지 면밀히 살폈다. 그 결과 둘 사이의 갈등은 격하게 고조되거나 부정적 감정이 들 만큼 심각하지 않고 A씨도 헤어지기 위해 살인을 선택할 만큼 심리적으로 내몰리지 않았다며, 검찰이 주장한 살해 동기를 부인했다.

당시 만취한 A씨가 과연 사고 당시 상황을 제대로 인식하고 있었는지도 의심스럽다. 자정이 넘어 해수욕장에서 귀가하는 중에도 만취한 두 사람은 속도감을 즐기기 위해 소리를 지르며 위험운전을 했다. 그런데 그런 A씨가 귀가해 불과 5~8분 뒤 안전벨트를 매지 않은 B씨의 상태를 인지한 순간 잘 알지도 못하는 주변 도로에서 사고를 내 범행할 계획을 세울 만큼 정신이 있었을까.

(당시 귀가하는 중에 두 사람 모두 과속하고 급가속해 중앙선과 인접 차선을 넘나들었는데, 항소심은 이 지점에서 사고 발생 이전

의 위험운전과 사고 당시의 위험운전을 구별해 그중 사고 당시의 것만을 피해자를 살해하기 위한 A씨의 범행 수단이라고 보는 것은 인정할 수 없다고 했다.)

차량이 전복되는 큰 사고가 나면 A씨도 마찬가지로 생명이 위태로울 수 있었다. 그런 상황에서 오직 B씨를 해칠 가능성만을 보고 사고를 감행할 리는 없다. 또 사고 경위와 충돌 부위 및 횟수를 확인하더라도 A씨가 자신에게 덜 위험한 쪽으로 차량을 조작하며 사고 과정을 통제한 것으로는 보이지 않았다. 오히려 운전자 자신이 큰 부상을 입었을 가능성도 충분히 있었다. 무엇보다 경운기 등이 도로변에 주차돼 있는 장소가 과속해 사고를 낼 계획을 세운 운전자 자신에게는 불리한 곳이었다.

즉 당시 B씨가 안전벨트를 매지 않은 상황을 이용해 범행하려 했다면 A씨는 차라리 차량을 고속으로 주행하다가 급제동하는 방식을 썼을 것이다. 자신에게 위험 요소가 될 방식과 장소를 고른 것은 경험칙상 이해되지 않는다.

또 안전벨트 미착용 경고음이 들렸을 때 A씨는 B씨에게 "안전벨트 안 했네?"라고 말했는데, 그 점을 이용해 살해할 마음을 먹었다면 굳이 그런 말을 해 B씨가 안전벨트를 착용할 여지를 주지 않았을 것이다. 사고가 A씨가 급가속하기 시작한 때부터 19초쯤에 일어났으므로 그런 점에서도 B씨가 안전벨트를 착용할 시간적 여유가 아예 없었다고는 할 수 없다.

그리고 속도를 줄여 첫 번째 굽은 구간을 빠져나간 점, 충돌 직전에야 급히 브레이크를 밟고 핸들을 크게 튼 점을 보면 A씨는 사고를 통제하려기보다는 뒤늦게 굽은 구간을 확인하고 반사적으로 사고를 벗어나려고 한 것이 맞다.

검찰은 충돌하기 전 급제동해 줄인 속도가 시속 22킬로미터밖에 되지 않고 충돌하고 1초 후 A씨가 가속페달을 잠시 밟았다는 정황을 들어 사고를 통제하려 했다고 반박했지만, 재판부는 제동 시간이 0.5초로 충분치 않고 A씨가 충돌 이후 조작을 제대로 할 수 없어서 생긴 결과라고 봤다.

결론적으로 1심 재판부는 A씨가 만취해 인지능력이 현저히 떨어진 상태에서 차량을 빠른 속도로 주행하다가 사고 현장인 '두 번째 좌로 굽은 구간'을 뒤늦게 발견했을 가능성이 크다고 봤다. 즉 과실로 보고 살인 혐의에 대해 무죄를 선고했다.

17

지적장애 동생 하천 유기 사건

'유산 분할 소송' 동생 시신에서 수면제 검출,
유기치사냐 살인이냐

1

애초 서울중부경찰서는 이씨(44세)를 장애인복지법 위반(감금) 혐의로 긴급 체포했다. 2021년 6월 28일 오전 2시 43분쯤 서울 중구에 사는 이씨가 지적장애 2급인 친동생(38세)이 실종됐다며 경찰에 신고했다.

"함께 사는 동생이 어제 오후 3시쯤 영화관에 간다며 자전거를 타고 집을 나갔는데 저녁 7시 마지막으로 통화한 뒤 연락이 끊겼다."

동생의 어눌한 말씨와 인상착의도 함께 설명했다. 경찰은 곧바로 수색에 나섰다. 그런데 서울 시내 CCTV를 집중적으로 들여다보던 중 이씨의 행적에서 수상한 점을 포착했다. '동생과 연락이 끊겼다'고 말한 그 무렵에 지하철역 인근 CCTV에 그가 동생을 차량에 태우고 이동하는 모습이 찍힌 것이다. 동생이 타고 나갔다는 자전거도 영화관과 멀리 떨어진 곳에서 발견됐다. 이후 이씨가 차량을 갈아타는 모습도 포착됐고 형제가 함께 탄 차량은 구리 왕숙천 근처에서 멈췄다. 이런 어긋난 진술을 확인하고 6월 29일 경찰은 이씨를 긴급 체포했다.

이후 사건이 걷잡을 수 없이 커졌다. 동생이 같은 날 오후 3시 30분쯤 왕숙천에서 1킬로미터쯤 떨어진 강동대교 북단 한강변에서 숨진 채 발견됐다. 경찰은 일단 적용한 혐의를 '장애인복지법 위반(감금)'에서 '장애인복지법 위반(유기)'으로 바꾸고 이씨를 구속했다.

국립과학수사연구원에서 부검한 결과 동생의 몸에서 수면제가 검출됐다. 그리고 이씨가 지인에게서 수면제를 구한 사실 또한 확인됐다. 디지털 포렌식을 진행한 이씨의 컴퓨터와 휴대폰에서는 '마취', '수면', '기절' 등을 검색한 기록이 나왔다.

살해 가능성에 무게를 두고 수사를 벌인 경찰은 형제의 부모가 남긴 34억 원의 유산에 주목했다. 4년 전 형제의 부모는 교통사고로 숨졌다. 유산은 이씨와 동생이 상속받게 돼 있었는데 삼촌이 중간에 끼어들었다. 삼촌이 지적장애가 있는 동생을 염려해 후견인을 선임하게 했고 최근 상속재산 분할심판 소송으로 이어졌다. 경찰은 최종적으로 살인 혐의를 적용해 이씨를 검찰에 송치했다.

2021년 6월 29일 오후 3시 30분쯤 이씨의 지적장애 동생이
강동대교 북단 한강변에서 숨진 채 발견됐다. 사진 KBS 뉴스 캡처

    검찰은 2021년 6월 28일 오전 0시 23분에서 1시 5분 사이에 왕
숙천 근처에서 동생을 살해한 혐의로 이씨를 기소했다. 공소장에
는 전날 저녁 이씨가 동생에게 위스키 하이볼을 먹게 하고 범행
직전에는 마약으로 분류되는 수면제까지 복용하게 했으며, 이후
깊은 잠에 빠져 흔들어도 깨어나지 못하는 동생을 왕숙천에 빠뜨
려 숨지게 했다고 적었다.

    검찰은 이씨의 경제적 이득을 살해 동기로 지목했다. 형제는
2017년 6월 사망한 부모로부터 유산 34억여 원을 상속받았는데
그중 30퍼센트에 해당하는 11억여 원이 동생의 몫이었다. 그러나
형은 동생의 몫을 인정하지 않았다. 동생 몰래 돈을 인출해 쓰기도

지적장애 동생 하천 유기 사건

했다. 이를 우려한 삼촌이 동생을 위해 후견인 선정을 신청했다. 이후 동생의 재산 관리를 맡은 후견인 측이 이씨를 상대로 상속재산 분할심판 청구소송과 부당이득반환 청구소송을 제기했다. 검찰은 소송에서 패소할 가능성이 커지자 이씨가 살인을 계획했다고 판단했다.

이씨는 유기 혐의는 인정했지만 살인은 아니라고 강변했다. 부모님이 돌아가신 뒤 4년간 동생을 돌보며 어려움이 많았는데 사건 전날 동생이 이상행동을 하고 연락이 되지 않는 일이 겹치자 화가 나 우발적으로 유기했다고 했다.

2022년 7월 21일 1심 재판부는 이씨의 살인 혐의를 유죄로 인정해 징역 30년을 선고했다. 재판부는 "동생이 술과 수면제를 복용해 깊은 잠에 빠졌다. (…) 설령 실족해 물에 빠졌더라도 수심이 1미터 내외로 얕았던 점을 고려하면 스스로 익사할 가능성은 극히 낮다"고 설명했다. 제삼자가 동생을 익사시켰을 가능성에 대해서도 "인근 CCTV 영상 등을 보면 이씨를 제외한 제삼자는 보이지 않는다"고 일축했다.

재판부는 재산을 노린 범행이라고 판단했다. 이씨의 월수입이 300만~600만 원 수준이었지만 신용카드 지출이 많게는 월 4000만 원에 달했기 때문에 소송 결과에 따라 상당한 재산을 반환하게 될 경우 경제적 부담이 큰 상황이었다.

그러나 항소심의 판단은 달랐다. 2023년 1월 20일 서울고등법원 형사7부는 이씨에게 징역 30년을 선고한 1심을 파기하고 징역

10년으로 형량을 낮췄다. 이씨가 동생을 살해할 목적으로 물에 빠뜨렸다는 사실을 인정할 증거가 충분치 않다는 것이다. 재판부는 "동생은 먹은 술과 수면제만으로는 스스로 움직일 수 없는 수준은 아니었을 것이다. (…) 동생이 어느 시점에 깨어나 실족 등으로 스스로 물에 빠져 사망했을 가능성도 존재한다"고 판단했다. 동생이 졸린 상태로 현장을 배회하다가 실족해 빠졌을 가능성을 부인하기 어렵다는 것이다.

항소심 재판부는 검찰이 주장한 살해 동기도 인정하지 않았다. "이씨가 동생과 4년간 함께 살았던 데다 신용 등급도 정상이다. 상속 재산 관련 소송도 조정 단계였던 점을 고려하면 이씨가 동생을 살해하려는 악성이 있다고 보기 어렵다"고 했다. 다만 재판부는 이씨가 동생에게 수면제를 먹이고 방치해 사망하게 한 혐의(유기치사)는 인정했다.

"동생을 두고 갈 경우 강물에 빠질 수 있음을 인식했는데도 아무런 보호 조치를 하지 않아 피해자가 사망했다."

대법원 역시 살인 혐의에 대해선 무죄로 판단했다. 2023년 6월 5일 대법원은 이씨에게 징역 10년을 선고한 원심을 확정했다.

2

검찰은 우선 상속 재산을 둘러싼 이씨와 동생의 한정후견인(재산 관리) 간의 분쟁을 살폈다. 후견인 측이 제기한 두 소송에서 패

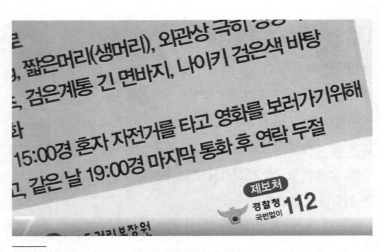

, 짧은머리(생머리), 외관상 극히 **~~~**

검은계통 긴 면바지, 나이키 검은색 바탕

15:00경 혼자 자전거를 타고 영화를 보러가기위해

같은 날 19:00경 마지막 통화 후 연락 두절

제보처
경찰청
국번없이 **112**

이씨의 실종 신고로 경찰이 만든 전단지. 사진 서울경찰청

소하거나 원고 승소 취지의 조정이 이뤄질 날이 임박해 있었다. 그 다음 이씨의 월수입과 임대 수입, 대출 및 담보 등 경제적 형편을 들여다봤다. 동생이 없어지면 상속 재산을 나눌 필요도 없고 동생의 재산까지 독차지할 수 있다는 계산이 섰다. 또 여기에 부모가 동생을 위해 들어놓은 보험들이 있어 생명보험금 합계가 3억 5천만 원에 달했다. 물론 동생의 유일한 상속인은 이씨 자신이었다. 검찰은 그렇게 간명히 범행 동기를 설명했다.

이씨가 지인에게 수면제를 구해달라고 부탁한 날은 범행 열흘 전인 6월 17일이었다.

"요즘에 내가 잠을 잘 못 잔다. 네 수면제를 나눠줄 수 있나?"

공무원도 아니면서 자신은 공무원이라 수면제를 처방받은 기록이 남으면 승진에 불이익이 있다고 거짓말했다. 누가 봐도 범행은 계획적이었다. 하지만 이씨는 홧김에 우발적으로 유기했다고 했다.

6월 27일 오후 3시쯤 이씨는 함께 살던 동생에게 현금 2만 원을 주며 밖으로 내보냈다.

"집 안에만 있으면 답답할 테니 한 바퀴 돌고 와."

경찰 조사에서 드러난 이씨의 범행 계획은 비교적 정교했다. 동선을 감추고 거짓 알리바이를 만드는 선에서 그치지 않고 범행 뒤에는 허위 신고를 하고 증거를 인멸하기까지 했다. 어쩌면 계획범죄의 치밀한 그림자가 수사기관에 살인 혐의를 부추겼을 것이다.

그는 수사기관에서 객관적 증거를 들이밀기 전에는 잡아떼거나 거짓말을 하다가 CCTV나 참고인 진술, 부검 결과 등이 나오고 나서야 그 범위 안에서 일부 사실을 털어놨다. 동생에게 수면제를 먹인 사실은 경찰 조사에서 줄곧 부인하다가 검찰에서 수면제 성분이 검출됐다는 부검 결과를 들이밀고 나서야 인정했다.

그날 오후 동생이 외출한 사이 이씨는 또 다른 지인에게 자신의 차가 사고가 났으니 자기 대신 차를 빌려달라고 해 지인의 명의로 렌터카를 예약했다. 저녁 7시 45분쯤 서울 지하철 을지로입구역 주변에서 동생을 만나 자신의 카니발 차량에 태운 뒤 다시 지인이 사는 집 근처에 주차해놓았다.

그리고 지인이 보는 앞에서 동생과 함께 택시를 타고 렌터카를 인수받으러 갔다. 용산역에서 렌터카 그랜저를 인수받은 다음에는 중간에 동생을 렌터카 안에 둔 채 자기 혼자 택시를 타고 주차해둔 카니발 근처로 돌아왔다. 그곳에서 가족과 지인들과 수차례 통화하는 등 알리바이를 만들었다.

다시 돌아와서는 밤늦게 식당에서 동생과 함께 저녁식사를 했다. 이후 편의점에서 구입한 양주와 콜라를 섞어 동생에게 주며 마시게 했다. 그리고 서울에서 출발해 6월 28일 오전 0시 14분쯤 구리의 한 건물 앞에 도착했다. 이때 범행 장소로 움직이기 전에 미리 옷도 갈아입었다.

이씨는 자전거도로를 따라 걸어 인근 다리로 향했고 다리에 와서는 인적이 드문 왕숙천 둔치로 동생을 데리고 내려갔다. 곧바로 이씨가 꺼낸 것은 수면제였다. 술과 함께 먹으면 약효가 커져 깊이 잠들거나 의식불명에 빠진다는 향정신성의약품이었다. 동생에게 약이라고 속여 먹게 했다. 1시간여 전에 술을 먹었던 동생은 수면제를 먹고 깊은 잠에 빠져 흔들어도 깨어나지 못하는 상태가 됐다.

검찰은 이때 이씨가 동생을 그대로 물에 빠뜨려 그 자리에서 익사하게 했다고 봤다. 1심 재판부도 검찰의 공소사실에 수긍했다.

법정에 제출된 CCTV 영상은 총 4개였다. 이를 통해 범행 당시 이씨와 동생이 차에서 내려 하천 주변 자전거도로를 걸어가고 다리에 이르러 아래 둔치로 내려가는 모습, 이윽고 이씨 혼자 올라와 건물 앞에서 다시 차를 몰고 사라지는 모습 등 동선이 전부 재구성됐다.

이씨가 렌터카를 세운 구리 지역 건물의 정문에는 CCTV가 설치돼 있었다. 당시 둘의 상하의 옷차림이 반팔과 긴팔로 나뉘고 줄

무늬가 있고 없는 정도까지 찍혔다. 하천 자전거도로변에는 마침 한강 수질을 검사하는 차량이 정차돼 있었다. 그 차량의 CCTV에 당시 범행 장소인 다리 쪽으로 걸어가는 둘의 모습이 포착됐다. 형이 앞서가고 동생은 얼마간 거리를 두고 뒤따르고 있었다. 동생은 체격이 크고 걸음걸이가 다소 둔중했다.

다리 주위에도 재난 감시용 CCTV가 설치돼 있었다. 오전 0시 23분쯤 다리 아래 둔치로 내려가는 둘의 모습이 잡혔다. 그리고 오전 1시 5분쯤 동생을 동반하지 않고 이씨 혼자 다리 기둥 아래서 나와 자전거도로를 따라 걸어가는 모습이 잡혔다. 다시 건물 정문 CCTV에서 돌아온 이씨가 차를 몰고 서울 방향으로 이동하는 모습을 볼 수 있었다.

영상들을 종합하면 이씨는 6월 28일 오전 0시 23분쯤 동생과 함께 다리 아래 둔치로 내려갔고 오전 1시 5분쯤 혼자 자전거도로 쪽으로 올라온 뒤 범행 장소를 벗어났다. 그 40분 동안 무슨 일이 벌어졌을까.

이씨는 CCTV 영상에 오전 0시 23분쯤 나타난 두 사람은 자신과 동생이 아니라고 했다. 하지만 각 CCTV 영상을 모두 살펴봐도 둘 말고는 비슷하게 생긴 다른 두 남자가 함께 천변을 걸어가는 모습은 전혀 보이지 않았다.

재판부는 그날 오전 0시 23분쯤 이후 어느 시점에 피해자가 물에 빠져 사망했다면 여기서 세 가지 경위를 가정할 수 있다고 했다. 이씨는 동생을 유기했을 뿐이고 동생이 실족하는 등 스스로 물

지적장애 동생 하천 유기 사건

에 빠졌거나, 이씨가 동생을 유기하고 떠난 뒤 제삼자가 나타나 동생을 물에 빠뜨렸거나, 이씨가 직접 동생을 물에 빠뜨렸거나.

법의학자는 술과 수면제를 함께 먹으면 깊은 진정 상태에 빠지게 되므로 스스로 움직여 물에 빠지기는 어렵다는 의견을 냈다. 만약 동생이 진정 상태에서 깨어나 어쩌다 빠졌다 하더라도 해당 지점 하천의 수심은 1미터 정도로 얕아 충분히 다시 둔치로 빠져나올 수 있었을 것이다. 하지만 물에서 나오려 할 때 생길 수 있는 타박상 등 상처가 부검 과정에서 발견되지 않았다.

다리 아래 둔치 지점은 하천 자전거도로나 보행로를 지나가는 사람들의 눈에 잘 띄지 않았다. 오전 0시에서 1시 사이라 인적도 드물었다. 제삼자가 있었다 하더라도 무턱대고 진정 상태에 빠진 피해자를 물에 빠뜨릴 리가 없다. 만에 하나, 깨어난 동생이 제삼자와의 사이에서 시비에 휘말려 물에 빠졌다고 하더라도 피해자의 옷과 몸에 흔적이 남았을 것이다.

그렇다면 동생이 실족해 물에 빠졌거나 제삼자에 의해 물에 빠졌을 가능성은 극히 희박하다. 결국 재판부는 이씨가 진정 상태에 빠진 동생을 물에 빠뜨리는 경위밖에 남지 않는다고 결론 내렸다. 깊은 진정 상태에 빠진 동생은 물에 빠졌을 때 깨어나지도 빠져나오지도 못하고 익사했을 것이다.

또 이씨가 동생을 유기할 생각이었다면 다리 밑을 좀 벗어나면 지나가는 행인들의 눈에 쉽게 띄는 그런 곳을 선택하지는 않았을 것이다. 동선을 감추고 알리바이를 만드는 등 범행을 비교적 세밀히 계획한 이씨가 동생의 유기 장소로 행인 등이 수시로 다니는 서울 인근의 왕숙천 다리 밑을 선택했다는 것부터가 변명에 불과하다. 동생의 지적 수준이나 생활 능력 등에 비춰보면 적어도 그는 행인들에게 도움을 구하거나 대중교통을 이용해 귀가할 정도의 능력은 충분히 갖추고 있었다.

하지만 항소심 재판부는 1심을 송두리째 뒤집었다. 1심에서 사형을 구형했던 검찰이 항소심 과정에서 예비적 공소사실로 '유기치사'를 추가했을 때부터 분위기는 심상치 않았다. 재판부는 법의학자와 부검의, 정신과 분야 교수 등의 의견을 추가로 확인했다.

재판부가 보기에 사건은 이씨가 동생을 물에 빠뜨렸음을 인정할 만한 직접증거가 아무것도 없었다. 검찰이 제출한 간접증거도 증명력이 '압도적으로 우월하지'는 않았다.

다리 아래쪽은 보행로, 천변으로 내려가는 콘크리트 경사면, 콘크리트 방제로, 둔치가 순차적으로 이어져 있다. 방제로는 다리 밑에선 폭이 넓다가 강동대교 쪽으로 갈수록 좁아진다. 둘이 포착된 마지막 CCTV 영상은 다리 바로 아래까지에 그쳐서 둘이 그 너머 어디까지 갔는지 알 수 없다.

이씨는 중간의 한 지점, '둔치 콘크리트 경사면'에 동생을 유기하고 왔다고 주장하지만, 재판부는 야심한 시간이었고 수사 과정에서 현장 검증이 이뤄지지 않은 점을 들어 콘크리트 경사면에서 더 내려간 방제로 어딘가에 유기했을 가능성도 있다고 했다. 그렇

지적장애 동생 하천 유기 사건

다면 동생이 수면제를 먹고 잠들었다가 잠에서 깨거나, 완전히 잠들지 않아 졸린 상태에서 주변을 배회하다 실족해 물에 빠졌을 가능성을 좀 더 살펴야 한다.

여기서 재판부는 당시 동생이 술과 수면제를 먹고 얼마나 깊이 잠들었는지, 과연 물에 빠져도 잠에서 깰 수 없을 정도였는지를 치밀히 검증했다. 1심은 알코올과 정신과 약물, 수면제 등이 피해자에게 미친 영향을 충분히 고려하지 않았다.

이번에 법의학자는 부검 과정에서 검출된 에틸알코올 농도 등을 고려해 '피해자는 처음부터 술을 많이 마시지 않았거나 마셨더라도 체내에 모두 흡수되기 전에 사망했다'는 의견을 냈다. CCTV 영상에서도 동생의 걸음걸이는 술에 취해 휘청거리는 것으로 보이지 않았다. 여기에 정신과 분야 교수는 '피해자가 먹은 약물 등은 수면과 각성에 미친 영향이 높지 않다'는 의견을 냈다. '음주 요인을 뺄 경우 수면제를 먹은 뒤 30분 내외에 약효가 나와 진정 상태가 된다고 해도 물에 빠지면 수면 상태에서 깨어날 가능성도 있다'고 했다.

즉 동생이 먹은 술과 수면제, 정신과 약만으로는 당시 그가 스스로 움직일 수 없을 정도의 깊은 진정 상태에 있었음을 입증할 수 없었다. 돌아보면 1심의 법의학적 의견도 동생이 깊은 진정 상태에 빠졌을 '가능성이 있다'는 정도였다.

동생의 몸에 타박상 등 상처가 없는 점에 대해서도 재판부는 다른 의견을 인용했다. 사건 부검의는 '물에 들어가자마자 신경학적 기전으로 심장이 멎는 등 바로 사망할 수 있고 그 경우 외상이 없을 수 있다'고 진술했다. 이처럼 동생이 물에 빠지고 바로 정신을 잃었을 가능성도 있는 만큼 재판부는 1심에서 피해자가 실족해 물에 빠졌다면 스스로 빠져나왔거나 그때 몸에 흔적이 남았을 것이라고 단정한 것은 잘못됐다고 했다.

범행 동기에 대해서도 재판부는 이씨가 살인이라는 극단적 방법을 택할 정도로 특별히 경제적 어려움을 겪고 있지 않았다고 반박했다. 그럼에도 유기치사를 인정하면서, 이씨가 동생을 위험 상황에 수동적으로 방치한 정도가 아니라 사망할 수 있는 위험 상황을 초래했다는 점에서 일반적인 유기치사 사건에 비해 죄질이 매우 불량하다고 판단했다.

그렇다면 수면제는 왜 필요했나. 수면제 사용만으로 살해의 고의를 인정할 수 있지 않을까. 그것도 유기 이후 사망이 충분히 예견되는 장소에서. 재판부는 그 부분에서 좀 미적지근했다. 이씨는 "(당시) 동생을 두고 가려 했는데 동생이 자꾸 불러서 평소 가방에 소지하던 수면제를 한 알 가지고 와 먹였다"고 주장했다. 단지 유기 범행만을 위해 추가로 수면제를 먹게 했다는 것. 재판부는 이씨의 주장에 대해 "의심스럽기는 하지만 (…) 전혀 납득하기 어려운 것은 아니다"고 했다. 즉 유기할 고의를 넘어 살해할 고의까지 있었다고는 인정하지 않았다. 검찰이 제시한 증거가 증명력이 떨어질 때 재판부는 형사재판의 원칙에 따라 그렇게 마무리해야겠지만, 그래도 '의심'은 남을 수밖에 없었다.

지적장애 동생 하천 유기 사건

사건 일지 _____

2017년 6월 부모가 교통사고로 사망하면서 이씨가 동생과 함께 34억 원의 유산을 상속받음.

2020년 1월 13일 서울가정법원, 삼촌의 청구에 따라 동생의 재산 관리 사무를 위한 한정후견인을 선임.

6월 17일 동생 측 한정후견인, 서울가정법원에 이씨를 상대로 한 상속재산 분할심판 청구소송을 제기.

7월 23일 동생 측 한정후견인, 서울가정법원에 이씨를 상대로 한 부당이득반환 청구소송을 제기.

2021년 6월 27일 오후 3시쯤 이씨, 자전거를 타고 오라며 동생을 집 밖으로 내보냄.

저녁 7시 45분쯤 이씨, 을지로입구역 주변에서 동생을 만나 차량에 태운 뒤 지인의 집 근처로 이동.

저녁 8시 15분쯤 이씨, 동생과 함께 용산역에 가 렌터카 그랜저 차량을 인수받음.

밤 11시 5분 이씨, 컵에 양주와 콜라를 섞어 주며 동생으로 하여금 마시게 함.

6월 28일 **오전 0시 14분쯤**	이씨, 동생을 데리고 경기 구리의 한 건물 앞에 도착.
오전 0시 23분쯤	CCTV에 이씨와 동생이 왕숙천 다리 아래 둔치로 내려가는 모습이 찍힘.
오전 1시 5분쯤	CCTV에 이씨 혼자 다리 기둥 아래서 나오는 모습이 찍힘. 그 40분 사이에 이씨가 약이라고 속여 수면제를 먹게 한 뒤 깊은 잠에 빠진 동생을 유기.
오전 2시 43분쯤	이씨, 전날 영화를 보러 나간 동생과 연락이 되지 않는다며 경찰에 실종 신고.
6월 29일 **오후 3시 30분쯤**	이씨 동생, 강동대교 북단 한강변에서 숨진 채 발견됨.
7월 2일	서울중부경찰서, 이씨를 장애인복지법 위반(유기) 혐의로 구속.
7월 9일	경찰, 이씨에게 살인 혐의를 적용해 검찰에 송치.
7월 27일	서울중앙지방검찰청, 이씨를 살인 및 마약류관리법 위반 혐의로 구속 기소.
2022년 **7월 21일**	서울중앙지방법원, 살인죄 이씨에게 징역 30년을 선고.

2023년
1월 20일 서울고등법원, 살인 혐의는 무죄, 유기치사죄 이씨에게
징역 10년을 선고.

6월 5일 대법원, 살인 혐의 무죄를 유지해 원심 확정.

18

우즈베키스탄 노동자 살인 누명 사건

살인 누명 쓰고 홀로 버틴 23일,
혈흔은 모든 걸 알고 있었다

무스타파 씨는 사촌형에게 흉기에 찔린 피해자였지만 살인 혐의로 23일간 유치장과 구치소에 갇혀 있었다.

"지금도 귀에서 맴돌아요. 넌 살인자라고. 여기서 나갈 수 없다고."

우즈베키스탄 국적의 노동자 무스타파(가명·27세) 씨는 그날 이후 '안 좋은 습관'이 생겼다. 그는 악몽에 시달리다 깨어나면 자신이 있는 곳이 구치소가 아니라 집이 맞는지 확인하려고 항상 주위를 둘러본다. 피 칠갑을 한 자신을 향해 살인자라고 손가락질하는 사람들의 비난은 매일 꿈에 찾아오는 손님들이다.

"고국에서 사랑하는 사람과 결혼하기로 예정된 날, 살인 누명을 쓰고 구치소에서 날밤을 새는 기분을 아느냐. 살인 혐의를 벗고 구치소에서 나왔을 때 연락이 두절된 아들을 걱정하던 어머니가 쓰러졌다는 소식과 직장에서 무단결근으로 해고됐다는 소식을 들었다."

코리안 드림을 꿈꾸던 그가 하루아침에 살인죄를 뒤집어쓴 그날 무슨 일이 일어났을까.

무스타파 씨는 2018년 유학생 신분으로 입국해 한국과 인연을 맺었다. 경기도 한 대학에서 컴퓨터공학을 전공했고 졸업 후 2022년부터 IT 업체에 취업해 게임 개발자로 근무했다. 매달 400만 원가량 월급을 받아 우즈베키스탄에 있는 가족들에게 돈을 보내면서 꿈은 현실이 돼가고 있었다. 2023년 1월 24일에는 고국에 있는 연인과 결혼식을 올리기 위해 회사에서 휴가까지 받았던 터라 하루하루가 행복했다.

하지만 그에게 코리안 드림은 가까이하기에는 너무 먼 꿈이었던 것 같다. 고국에 돌아가기 불과 2주 전인 1월 7일 일상을 무너뜨리고 삶을 파괴한 사건이 발생했다. 무스타파 씨는 2022년 9월부터 사촌형 압둘로흐(가명·28세) 씨와 함께 경기 용인의 빌라 반지하방에 살고 있었다. 압둘로흐 씨 역시 한국에서 성공한 동생의 모습을 보고 그를 따라 IT 개발자가 되려고 한국행을 택했다. 무스타파 씨는 사촌형의 정착을 돕기 위해 자신이 사는 집을 내주고 한국어를 가르치는 등 물심양면으로 도왔다.

그러나 압둘로흐 씨에겐 가족들만 아는 비밀이 있었다. 그는 고국에 있을 때부터 정신질환을 앓고 있었다. 특히 한국에 들어온 뒤에는 진료와 처방을 전혀 받지 않아 증세가 나날이 악화됐다. 무스타파 씨는 사촌형에게 정신질환이 있음을 사건 발생 직전에 알게 됐다.

사촌형과의 4개월 동거 생활은 피가 튀는 결말로 끝났다. 1월 7일 평온했던 토요일 밤 10시 50분쯤 컴퓨터 게임에 열중하던 무스타파 씨의 눈을 갑자기 커다란 손이 가렸다. 난데없이 시야가 가려져 어리둥절하던 사이 목덜미에 날카로운 통증이 느껴졌고 이내 피가 솟구쳐 나왔다. 압둘로흐 씨가 흉기로 무스타파 씨의 목을 찌른 것이다.

사촌형은 쓰러진 무스타파 씨에게 달려들어 이번엔 정면에서 찌르려 했다. 무스타파 씨는 피가 흥건한 방에서 몸싸움을 벌인 끝에 가까스로 현관문을 박차고 탈출할 수 있었다. 공황 상태에 빠져서는 그제야 자신이 찔린 곳이 어딘지 살펴보기 위해 티셔츠를 벗어 던지고 상처를 확인했다.

그는 반바지에 맨발 차림으로 사람들에게 도움을 요청하려고 거리를 활보하다가 인근 편의점에 들어갔다. 그리고 직원에게 경찰을 불러달라고 요청했다. 출동한 경찰은 무스타파 씨에게 자초지종을 듣고 곧장 현장으로 향했다. 무스타파 씨는 다음 날 새벽 대학병원 중환자실에서 수술을 받고 집중치료에 들어갔다.

병원에서는 최소 6주간의 치료와 안정이 필요하다고 봤지만 무

우즈베키스탄 노동자 살인 누명 사건

2023년 1월 7일 우즈베키스탄 국적의 노동자 무스타파 씨가
경기 용인의 한 편의점에서 도움을 요청하는 모습. 사진 용인동부경찰서

스타파 씨는 겨우 사흘간 병원에 머물 수 있었다. 병원 침상에 누워 있는 동안 자신을 죽이려고 했던 사촌형의 상태가 궁금했다. 매일 병원을 찾아오던 경찰에게 "사촌형을 체포했느냐?"고 묻자 "잡았다"는 대답이 돌아왔다. "사건 당시 입고 있던 반바지를 가져가도 되겠느냐?"고 묻는 경찰에게 그는 "뭐든 필요하면 다 가져가라"고 하며 수사에 적극 협조했다.

사흘 뒤인 1월 10일 경찰은 무스타파 씨에게 같이 가야 할 곳이 있다며 그를 불렀다. 무스타파 씨가 경찰을 따라 병원 문 밖을 나서는 순간 사촌형 압둘로흐 씨를 살해한 혐의로 그의 두 팔에 수갑이 채워졌다.

무스타파 씨의 신고를 받고 경찰이 현장을 출동했을 때 압둘로흐 씨는 목 주위에 7차례 정도 흉기에 찔려 과다 출혈로 숨진 상태였다. CCTV가 없는 곳에서 발생한 일이다 보니 경찰은 칼부림 끝에 무스타파 씨가 사촌형을 살해하고 피해자인 척 신고했다고 결론 내렸다. 무스파타 씨가 같은 흉기로 목이 한 번 찔렸고 몸에 혈흔이 남아 있다는 이유였다.

무스타파 씨는 경찰 조사에서 끊임없이 혐의를 부인했다. 형사들은 그를 살인자로 단정 짓고 "어떻게 죽였느냐?"고 물었다. 무스타파 씨는 자신이 겪었던 일을 반복해 말했지만 아무도 그의 말을 믿지 않았다. 흉기에 찔린 지 사흘밖에 되지 않은 그는 매일 상처 부위를 소독해야 했지만 유치장에선 항생제 처방만 가능했다. 결국 1월 18일 수원지방검찰청에 구속 송치돼 수원구치소에 갇히게 됐다.

장소만 바뀌었을 뿐 구치소는 또 하나의 지옥이었다. 예정대로라면 무스타파 씨는 구치소에 있을 게 아니라 결혼식을 올리기 위해 비행기를 타고 고국으로 돌아갔어야 했다. 열흘 가까이 자신이 처한 상황을 회사에 알리지 못한 것도 걱정스러웠다. 방어권 보장 차원에서 그에게 국선 변호사가 붙었지만 별다른 법률 조언을 받지 못했다. "가족들에게 전화 한 통이라도 넣어달라", "회사에 사정이라도 말할 수 있게 해달라"고 요청했지만 받아들여지지 않았다. 그는 결국 결혼식 당일도 구치소에서 보내야 했다.

수원지방검찰청 형사3부 최희정 검사는 무스타파 씨 송치 사건을 살펴보다가 의아한 점을 발견했다. 피의자가 혐의를 완강히 부인하고 있는 데다 사건 직후 도움을 요청하러 편의점으로 뛰어가는 등 일반적인 살인 피의자라면 하지 않을 행동을 했기 때문이다. 또 경찰에서 작성한 '변사자 조사결과 보고서'에 따르면 피해자의 목에 난 자창 부근에 수차례 '주저흔(망설인 흔적이 있는 상처)'이 있었다. 주저흔은 극단적 선택을 하는 사람에게 많이 나타나는 흔적이다. 최검사는 사건을 처음부터 재구성할 필요가 있다고 판단했다.

목격자가 없는 사망 사건에선 결국 더 많은 증거를 확보해야 실체적 진실에 접근할 수 있다. 최검사는 압둘로흐 씨의 사망이 타살이 아니라 극단적 선택일 수 있다고 보고 국립과학수사연구원이 낸 부검감정서와 혈흔감정서 등 여러 증거를 분석했다. 부검감정서엔 '변사자의 경부 자창(목덜미 부근 흉기에 찔려 생긴 상처)은 타살보다는 자살로 사망한 시신에서 볼 수 있는 형태에 가까워 보인다'는 의견이 적혀 있었다.

앞서 경찰은 사망자가 자신의 신체 한 곳만 집중적으로 찌르는 것은 경험칙상 불가능하다고 보고 타살로 결론 내렸다. 이에 최검사는 국과수의 자문을 받기로 했다. 사건 부검의 등 국과수 관계자들은 "정신질환이 있는 사람이 극단적 선택을 할 때는 자신의 목을 집중적으로 찔러 죽는 경우가 많다"고 대답했다.

혈흔감정서도 무스타파 씨가 살인자가 아니라고 말하고 있었다. 사건 당시 그가 입고 있던 반바지 등 옷가지들에서 압둘로흐 씨의 피는 단 한 방울도 나오지 않았다. 그가 문밖을 나서며 벗어 던진 반팔 티셔츠에도 사촌형의 피는 없고 오로지 자신의 피만 묻어 있었다. 최검사는 여러 증거를 토대로 사건을 전면적으로 재구성할 수 있게 됐고 압둘로흐 씨의 가족을 통해 그가 정신질환을 앓고 있다는 얘기까지 들었다.

최검사에게 마지막으로 필요한 것은 '확신'이었다. 최검사는 '정인이 사건'(2020년 10월 서울에서 발생한 아동 학대 살인 사건)을 재감정했던 이정빈 가천대 법의학과 석좌교수에게 부검 감정 의뢰를 요청했다. 이교수 역시 해당 사건은 압둘로흐 씨의 극단적 선택이라고 봤다.

이교수는 필자와의 통화에서 "압둘로흐 씨의 목 5센티미터 원 안에 7군데 칼자국이 집중적으로 몰려 있는데, 알코올농도가 0.01퍼센트 미만이고 약물 반응도 나오지 않는 변사자가 서로 싸우다 찔린다면 상처가 한곳에 모여 있는 것은 불가능하다"고 말했다. 서로 싸우다가 살해하는 타살의 경우 한곳을 집중적으로 찌르기 어려워 상처가 일정 부위에 몰릴 수 없다는 말이었다. 즉 찌르는 사람과 찔리는 사람이 움직이는 상황에서는 목 표면을 일정한 깊이로 얕고 평행하게 그어나가기 어려워 상처들끼리 깊이가 달라진다. 그렇다면 자해하면서 연속적으로 찌르는 행위에서 발생할 수 있는 상처 형태로 자해로 인한 사망으로 판단된다고 했다.

검찰은 결국 정신질환이 있던 압둘로흐 씨가 코로나19로 집에 머무는 시간이 늘면서 증상이 악화됐고 즉흥적으로 무스타파 씨를 찌르고 난 뒤 극단적 선택을 한 것으로 결론 내렸다. 최검사는 2월 2일 무스타파 씨에 대한 구속을 취소하고 무혐의 처분을 내렸다.

23일간 구금 생활을 했던 무스타파 씨는 실체적 진실을 발견하려는 검찰의 노력으로 자유의 몸이 됐지만 몸과 마음은 여전히 상처투성이였다. 구치소를 나왔지만 그가 갈 수 있는 곳은 없었다. 자신의 집은 사망 사건이 발생한 끔찍한 현장이 돼 있었다. 그때의 트라우마가 떠올라 단 한 벌의 옷가지도 챙기지 않은 채 그는 동료 우즈베키스탄 노동자의 집에 얹혀살았다. 회사는 여러 날 연락이 닿지 않았다는 이유로 그를 해고했다. 살인 누명이 결혼뿐 아니라 기존에 있던 집과 직장마저 빼앗아 간 뒤였다.

검찰은 그의 딱한 사정을 고려해 피해자 지원에 나섰다. 수원지방검찰청 '범죄피해자 경제적지원 심의위원회' 위원장으로 활동하는 김성원 수원지방검찰청 형사3부장은 2월 심의위원들과 함께 만장일치로 그에게 경제적지원을 하기로 결정했다. 그는 이에 3월 3일부터 치료비와 생계비, 심리상담비 등을 지원받게 됐다. 무스타파 씨는 "당시 한 달이 지옥 같고 앞으로도 그때의 악몽이 계속 생각나겠지만 이번 경제적 지원을 바탕으로 취업을 알아보는 등 새롭게 시작하겠다"고 말했다.

그는 2주간 친구 집에서 머문 뒤 지금은 서울 변두리로 이사했다. 다행히 2023년 4월 말 새로운 IT 회사에 취직해 취업 비자도 받았다. 전 직장과의 오해도 원만히 잘 풀었다. 예상치 못한 수감 생활로 2023년 1월 말 고국에서 예정돼 있던 결혼식은 그해 가을로 밀렸다.

사건 일지 _____

**2023년
1월 7일**   우즈베키스탄 국적 노동자 무스타파 씨, 경기 용인의
빌라에서 흉기에 목이 찔린 채 뛰쳐나와 인근 편의점에
서 구조 요청. 함께 거주한 사촌형 압둘로흐 씨는 목에
7군데 찔려 사망한 상태로 발견.

1월 10일   경찰, 살인 혐의로 무스타파 씨를 현장 체포.

1월 18일   경찰, 살인 혐의로 무스타파 씨를 수원지방검찰청에 구
속 송치. 무스타파 씨는 수원구치소에 수감.

1월 20일   검찰, 국립과학수사연구원에서 부검감정서 및 혈흔감
정서 송달받아 분석.

1월 25일   검찰, 무스타파 씨 조사.

1월 26일   검찰, 부검의 및 압둘로흐 씨 가족 조사를 거쳐 정신질
환으로 인한 극단적 선택 추정.

1월 27일   검찰, 이정빈 가천대 법의학과 석좌교수에게 사인 감정
의뢰.

2월 2일   검찰, 타살 정황 없다는 감정 의뢰 결과를 회신받음. 무
스타파 씨에 대한 구속 취소 및 혐의 없음 처분.

3월 3일 수원지방검찰청 범죄피해자 경제적지원 심의위원회, 무
스타파 씨에게 치료비, 생계비, 심리상담비 지급 결정.

4월 말 무스타파 씨, 새로운 IT 회사에 취직하고 취업 비자도
받음.

19

대전 은행 강도살인 사건

20년 넘은 장기미제 사건 셋이 한꺼번에,
주범과 공범 모두 무기징역

1

이승만(53세)과 이정학(52세)도 이춘재처럼 DNA에 덜미를 잡혔
다. 2001년 12월 대전에서 은행 직원을 총으로 쏴 숨지게 하고 현
금 3억 원을 빼앗아 달아난 '대전 은행 강도살인 사건'은 21년간
미궁에 빠져 있었다. 도심 한가운데 있는 대형 은행의 주차장에서
일어난 사건은 많은 이에게 두려움과 충격을 주었다.

영구 미제로 남을 것 같았지만 증거물에서 확보한 유전자(DNA)
가 사건 해결의 실마리가 됐다. 범인이 흘리고 간 증거물에서
DNA가 발견됐지만 2001년 당시 기술로는 검출이 불가능했다. 경
찰서의 물품 보관 창고에서 잠자던 증거물은 DNA 분석 기술의
눈부신 발달에 힘입어 되살아났다.

검거 과정 또한 극적이었다. 2022년 8월 25일 아침 8시 30분 대전의 한 주택가, 대전경찰청 형사들은 이정학이 집 밖으로 나오기를 기다렸다. 앞을 막아선 경찰들에 당황한 그는 이내 순순히 경찰차에 올랐다. 경찰은 이날 오후 4시쯤 이정학이 공범이라고 밝힌 이승만까지 강원도 정선의 한 찜질방에서 붙잡았다. 이승만은 주거지가 불명확했지만 주민등록번호를 통해 본인 명의의 휴대폰을 확인하고 그 위치를 추적해 체포할 수 있었다. 하루아침에 장기 미제의 유력 용의자들을 싹쓸이한 전격 작전이었다.

2017년 9월 대전경찰청 중요미제사건 전담수사팀은 사건 당시 도주 차량에서 발견돼 보관하던 손수건과 마스크 중 마스크에 대한 재감정을 국립과학수사연구원에 의뢰했다. 마스크에서 DNA 검출에 성공했지만 신원을 알아낼 수는 없었다. 그러던 중 그해 10월 수사팀 앞으로 국과수의 감정서가 도착했다. 감정서를 읽어가던 형사는 입을 다물지 못했다.

'한 명의 유전자 염기 서열이 확인됐다. 추출한 유전자 정보가 2015년 충북 경찰이 불법 컴퓨터오락실(도박장)에서 수거한 증거품 가운데 담배꽁초 한 점과 일치한다.'

마스크에서 검출된 것과 동일한 유전자가 2015년 충북의 한 불법게임장을 단속할 때 확보한 담배꽁초에서 검출됐다는 통보였다. 수사팀은 손수건에 대한 감식도 의뢰했고 역시 마스크와 담배꽁초에서 나온 것과 같은 유전자가 검출됐다.

충북 게임장 사건에서 불법 게임장 관련자는 유전자 등록 대상이 아닌데도 그 유전자를 감식한 것부터가 예외적이었다. 당시 충북 음성의 한 빌라에서 컴퓨터게임 도박을 한다는 제보를 받고 경찰이 출동했으나 모두 도주한 뒤였다. 단속을 나온 경찰이 도박 혐의자를 검거하려고 현장에서 나온 유류품들에 대해 감식을 의뢰했는데 그중에 이정학의 것이 포함돼 있었던 것이다.

이때부터 중요미제사건 전담수사팀의 기약 없는 수사가 시작됐다. 비교할 대상이 없이 유전자만으로 피의자의 신원을 밝히기는 불가능하다. 당시 신원이 확인된 게임장 관계자 한 명에서부터 수사는 출발했다. 이후 알선책과 이들을 따라온 도박꾼들을 추적해 나갔다. 수사팀은 게임장에 출입했을 가능성이 있는 종업원과 손님 등 1만 5000명을 추리고 일일이 대조하며 범행 연관성 조사에 들어갔다. 이들 중에 용의자 몽타주와 목격자의 인상착의, 범죄 경력 등을 참조해 수를 줄여나갔다.

그리고 2022년 3월 대상자를 압축해가는 과정에서 '시동 걸린 차량만 훔치는' 이정학을 유력 용의자로 특정했다. 대전 은행 강도살인 당시 범인들은 3차례나 시동을 건 채 잠시 주차해놓은 차량을 훔쳐 범행에 사용한 바 있다. 9부 능선을 넘은 듯했다. 이때부터 수사팀은 금융 수사와 주변 탐문 수사 등을 통해 이정학의 20년간 행적을 역추적했다.

사건은 2001년 12월 21일 발생했다. 은행 개장 시간 직후인 오전 10시쯤 대전 둔산동 한 은행의 지하주차장에서 갑자기 총소리가 들렸다. 검은 복면을 쓴 2인조 강도가 방금 들어온 현금 수송 차량을 급습했다. 총소리에 놀란 수송 차량 운전사와 청원경찰은 곧장 몸을 숨겼다. 하지만 은행 출납과장이 범행을 제지하려 나섰다가 범인이 쏜 총에 가슴과 다리 등을 맞았다. 피해자는 병원으로 긴급 후송됐지만 30분여 뒤 숨졌다. 현금 3억 원을 챙긴 범인들은 그랜저XG 차량을 이용해 도주했다.

수사에 나선 경찰은 범행 현장에서 300미터 떨어진 곳에서 그랜저XG를 발견했다. 해당 차량은 경기 수원에서 도난 신고된 것이었다. 차창과 운전대 등에선 지문이 나오지 않았다. 도주하기 전에 휘발유 등으로 닦아 흔적을 지운 것 같았다. 현장에 일절 지문을 남기지 않고 차창 선팅을 3중으로 할 정도로 치밀함이 엿보였다. 현장에서 발견된 탄피는 두 달여 전 송촌동을 순찰하던 경찰이 빼앗긴 38구경 권총에서 나온 총알이었다.

경찰은 현상금 2000만 원을 걸고 수배 전단 13만 장을 뿌리며 사건 해결에 총력을 기울였다. 실제 이듬해인 2002년 8월 현역 군인이 포함된 20대 3명을 사건 용의자로 특정해 구속영장을 신청했다. 하지만 이들은 법원 영장실질심사에서 '경찰의 고문에 의한 허위 자백'이라고 주장했고 법원은 증거 불충분을 이유로 영장을 기각했다. 해당 사건 이후 대전에선 2003년 1월과 9월, 은행동과 태평동에서 현금 수송 차량 탈취 사건이 잇따라 터지면서 '둔산동 사건과 동일범들의 소행 아니냐'는 얘기까지 흘러 나왔다.

사건은 15년간 교착 상태에 빠져 있었다. 2016년 공소시효가 만

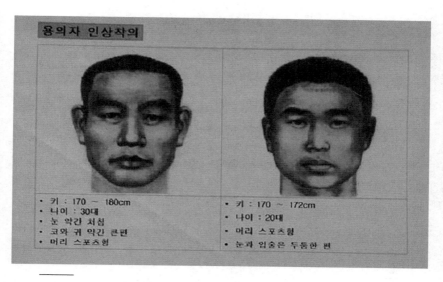

2001년 대전 은행 강도살인 용의자 몽타주. 사진 대전경찰청

료돼 영원히 묻힐 뻔했지만 2015년 변곡점이 생겼다. 2000년 이후 발생한 살인죄에 대해선 공소시효를 적용하지 않도록 형사소송법(태완이법)이 개정돼 수사를 계속 진행할 수 있게 됐다.

둘은 2022년 3월 신원이 특정되기 전까지 용의 선상에 한 번도 안 올라왔던 인물들이었다. 다만 얼굴은 당시 만든 몽타주와 상당히 유사했다. 이정학은 붙잡히자마자 "이승만이 모든 범행을 주도했다. 은행 출납과장에게 총을 쏜 것도 이승만이다"고 진술했다. 돈도 이승만이 대부분 챙겼다고 했다.

이승만은 처음엔 범행 자체를 부인했다. 총을 쏜 피의자에게 살인죄가 적용될 수 있음을 알아챈 것이다. 하지만 수사팀은 이정학

2001년 40대 은행원이 총격을 받아 숨지고 3억 원을 강탈당한
대전 둔산동 은행의 지하주차장에 시민의 제보를 기다리는 수배 전단이 붙어 있다. 사진 한국일보

의 구체적이고 일관된 진술과 둘이 2001년을 전후해 대전에서 함께 어울려 다녔다는 주변 사람들의 증언에 따라 이승만을 공범으로 특정했다.

2

둘의 이야기는 한참 길다. 연루된 장기 미제 사건이 3건이나 된다. 그 3건이 한데 엮여 있을 줄은 꿈에도 몰랐으니 둘을 붙잡은 것은 천운에 가까웠다.

둘은 대구에서 고등학교를 함께 다닌 동창으로 이승만이 한 살

많았지만 친한 친구로 지냈다. 사건 당시 이승만의 주 수입원은 불법 음반·테이프 유통이었다. 두 차례나 단속을 당해 구속 기소됐다가 집행유예로 풀려나는 과정에서 도매 유통망이 모두 깨지고 벌금과 변호사 비용 등으로 많은 돈을 써야 했다. 이승만은 그때 표적 단속이라 여겨 '국가가 해준 것도 없이 나를 재기 불능 상태로 만들었으니 나도 국가로부터 돌려받아야겠다'는 식의 앙심을 품게 됐다. 경찰의 총을 뺏어 범행을 저지를 생각도 그렇게 나왔다.

그렇더라도 범행 실행은 보상 심리보다 쉽게 돈을 벌려는 욕망에서 나오는 법이다. 2001년 대전에서 다시 의기투합한 둘은 우선 범행에 사용할 차량을 훔치기로 작정했다. 2001년 10월 14일 저녁 거리에서 시동이 걸린 채 주차돼 있는 EF소나타를 훔쳐 타고 달아났다. 그러다 자정쯤 대전 송촌동(현 비래동) 골목길에서 우연찮게 혼자 걸어 순찰하던 경찰관을 발견했다.

"저 총을 뺏자. 일단 내가 차로 칠 테니 네가 내려 총을 가져와라."

이승만이 경찰관을 차량으로 치었고 이정학이 조수석에서 내려 정신을 잃은 경찰관에게서 총기를 챙겨 왔다. 이렇게 결정적 범행을 저지르고 후속 지시를 내리는 쪽이 이승만이고 지시를 수행하는 쪽이 이정학이었다. 두 달여 뒤 현금 수송 차량을 절취할 때도 이런 지시와 수행 관계는 그대로 이어졌다. 공포탄 1발과 실탄 4발이 장전된 권총을 확보한 둘은 EF소나타를 1킬로미터 떨어진 곳에 버려두고 떠났다. 그날이 은행 강도살인 범행의 시발점이었다.

사건 20일 전인 12월 1일에는 경기 수원에서 범행에 이용할 그 랜저XG 차량을 훔쳤다. 다른 지역에서 훔친 차를 이용하면 범행 이 적발될 가능성이 그만큼 줄 것 같았다. 둘은 실탄이 장전된 권 총을 확보한 마당에 은행을 털기로 마음먹었다. 차량용 선팅지를 구입해 차창 전체에 바르고 범행 후 갈아탈 차량까지 추가로 훔쳐 도주용으로 준비해두었다.

그리고 여러 은행이 모여 있는 대전 서구 일대를 돌아다니며 마 땅한 장소를 물색했다. CCTV가 설치돼 있지 않고 조명이 어두워 사람들의 통행이 드문 곳.

둘은 한 은행 지하주차장을 점찍어두고 몇 차례 사전 답사했다. 그 과정에서 매일 아침 정해진 시간에 현금 수송 차량이 들어오고 직원 3명이 현금 가방을 옮기는 모습을 보고 애초 은행 창구를 노 리려던 계획을 바꿨다. 지하주차장에서 직원들을 권총으로 제압 해 현금 가방을 빼앗는 것이 성공률이 높아 보였다.

"나는 권총으로 현금 수송 직원들을 위협하고 제압할 테니 너는 운전을 맡고 내가 제압하는 사이 현금 가방을 차에 실어라."

역할 분담은 그렇게 이뤄졌다. 하지만 21년이 지나 심판을 받는 법정에서 주범을 규명하는 진술은 마구 뒤섞여 뒤죽박죽됐다. 당 시 현금을 수송하던 직원들의 진술을 토대로 범인이 20대~30대 남성 둘이라는 것만 추정했을 뿐 둘 중 누가 총을 들었는지 특정 할 수 없었기 때문이다. 운전했던 범인은 권총을 들고 있던 범인과 는 다른 사람이고 공포탄 1발이 발사될 때까지 하차하지 않고 있었다는 정도였다.

12월 21일 오전 10시쯤 지하주차장에서 이정학이 운전한 그랜저XG 차량이 현금 수송 차량을 가로막았다. 이승만이 조수석에서 내려 피해자들을 향해 권총을 겨눴다. 곧바로 천장을 향해 공포탄 1발을 쐈다. 제압하는 과정에서 실탄 3발을 발사해 은행 출납과장을 살해했다. 그 사이 이정학은 현금 3억 원이 든 가방을 차량에 실었다. 둘은 300미터 떨어진 상가 건물로 이동해 지하주차장에 미리 준비해 둔 흰색 차량으로 갈아탄 뒤 갈마동으로 도주했다. 갈마동에 도착한 이들은 이승만의 차량에 다시 돈 가방을 옮겨 실었다.

둘은 살아가면서 사건을 마음에 담고 살았다. '무덤에 가는 한이 있더라도 절대 이야기하지 말자. 혹시라도 한 명이라도 잡히면 먼저 죽자'고 다짐했다. 하지만 이정학은 그 약속을 지키지 못했다. 경찰에 체포되자마자 모든 것을 털어놓았다.

이승만은 경찰 첫 조사에서 범행을 뉴스에서만 봤다며 부인하다가 둘이 영상통화를 하게 됐을 때 이정학에게 "너, 다 자백했냐?"고 물었다. 이정학은 "미안하다. 내가 다 내려놨다"고 했다. 영상통화를 마친 뒤 이승만은 "내가 총을 쏴 사람을 죽였다"고 인정했다. 그러나 검찰로 넘겨진 뒤에는 "친구를 위해 모든 것을 자신이 뒤집어쓰려는" 결심에서 허위 자백했다며 총을 쏜 이는 이정학이라고 다시 말을 바꿨다. 대질 신문에서는 이정학에게 "우리가 했던 약속을 깬 건 너 아니냐. 그냥 네가 다 했다고 인정해라"고 수차례 말했다. 그 시점에서 공범의 지위에서는 도저히 빠져나갈 수 없음을 알아채고 가장 무거운 혐의인 권총 살해 부분만을 상대의 행위로 넘기기로 작정한 것이다.

검찰로 송치된 뒤에도, 법정에 가서도 한 가지가 문제 됐다. 둘 중 누가 주범인가. 공모 과정에서 범행을 계획하고 실제로 권총으로 은행 직원을 살해한 사람은 누구인지를 두고 다퉜다. 이승만은 범행 당시 이정학이 운전석에, 자신은 조수석에 앉았다는 점은 인정했지만 자신은 현금 가방이 아니라 채권이 든 007 가방을 챙겼다고 했다.

애초 범행의 성패는 현금을 수송하는 3명을 권총의 화력을 이용해 어떻게 제압할지에 달려 있었다. 이승만은 구체적인 역할 분담 계획을 세우지 않았다고 했다. 하지만 재판부는 믿지 않았다. 특히 강도와 절도 전력이 있는 이정학은 병역을 마치지 않아 총에 대해 아는 바가 없었다. 그런 사람이 먼저 '총이 필요하다'는 식으로 말하고 권총으로 주위를 제압하고 현금을 빼앗자는 계획을 세웠으리라고 보기는 어렵다. 또 그런 사람이 굳이 권총을 잡는 역할을 맡을 리도 만무하다. 계획 단계부터 권총을 이정학에게 맡기는 선택지는 지워졌을 것이다.

반면 이승만은 군 복무를 하는 동안 작전 임무 등을 수행해 상대적으로 총기 사용에 익숙하고 실탄 사격 경험도 풍부했다. 피해자들의 증언에 따르면 사건 당시 권총을 쥔 범인은 양손으로 권총을 감싸며 피해자들을 겨누었다. 즉 권총을 쥔 범인은 정확한 파지법을 알고 있었다. 게다가 생명을 직접 겨냥한 조준 사격이었다. 이를 보더라도 범인은 상당한 권총 사용 경험이 있는 자였다. 또 범행 당시 천장에 공포탄 1발을 쏜 다음 실탄 3발을 쏜 것을 보더라도 범인은 범행 전 권총 내 탄환의 수를 확인하고 숙지하고 있었다.

총을 쏜 사람이 이정학이라고 가정해보자. 그렇다면 조금 전까지 권총으로 위협하다 결국 직원까지 살해한 사람이 다시 무거운 현금 가방까지 옮겼다는 말이 된다. 이는 상식적이지 않다. 한시라도 빨리 범행을 마치고 현장에서 벗어나야 하는 상황에서 총을 쏜 자가 그런 역할까지 맡는 것은 효율적이지 않다. 그것도 '성인 한 명이 낑낑대며 들고 갈 정도로' 무거운 현금 가방을 한 손에 총을 든 채 싣거나, 권총을 어딘가에 내려놓고 두 손으로 싣는다는 것은 부자연스럽다. 총을 쏜 자가 사망한 은행 직원이 지키려 했던 007 가방을 빼앗고 다른 한 사람이 현금 가방을 챙기는 편이 그럴듯하다. 역할 분담으로 시간을 줄여야 성공할 수 있는 범죄였다.

권총 관리와 현금 은닉 장소도 그렇다. 이승만은 이에 대해 상세하고 구체적으로 진술했다. 반면 이정학은 범행 전에 권총을 어디에 보관했는지, 범행 직후 현금을 어디에 감췄는지를 구체적으로 알지 못했다. 이는 지시에 따라 범행을 실행하는 지위에 있는 사람에게는 자연스러운 모습이다. 달리 말해, 범행 이후 현금을 자기 손에 쥐고 있는 자가 분배와 정산에서 주도적인 역할을 한다.

범행 후 권총을 숨긴 장소는 이승만의 집 주변이었다. 특히 "이정학이 비에 안 젖게 검은 비닐봉투 안에 넣어 이를 화단에 묻었다"는 이승만의 진술은 자신이 직접 경험한 일이 아니면 지어내기 어려운 표현이다. 자신이 한 행위를 이정학이 한 것처럼 진술한 것이다. 이승만은 이정학이 자신도 잘 모르는 그 지역에 권총을 숨길 이유가 뭔지를 묻는 검사의 질문에 답하지 못했다.

또 계좌를 추적해 현금 분배와 소비 내역을 면밀히 확인한 검찰 수사에 따르면, 이승만은 이후 강탈한 돈을 승용차를 사고 선물옵션에 투자하는 데 썼다. 반면 이정학의 재산 내역은 특별히 달라지지 않았다. 이승만의 말처럼 둘이 절반씩 정산했다면 그에게만 재산 증가가 나타나는 이유를 설명할 수 없다.

검찰은 결심공판에서 사건 당시 은행 직원을 살해한 피의자를 이승만으로 보고 이승만과 이정학에게 각각 사형과 무기징역을 구형했다. 이승만은 최후진술에서도 뉘우치는 기색이 없었다.

"검사님, 내게 사형을 내려주셔서 감사합니다. (…) 내가 지금이라도 죽어달라면 죽어드리겠습니다."

이런 사정을 종합해 법원은 '이승만이 총을 쏜 주범, 이정학은 조력'이라고 판단했다. 2023년 2월 17일 1심을 맡은 대전지방법원 재판부는 이승만에게 무기징역을, 이정학에게 징역 20년을 선고했다.

3

그런데 2023년 2월 13일 전북경찰청에 편지 한 장이 날아들면서 사태는 급변한다. '미제로 남아 있는 전주 경찰 살해 사건의 진범을 알고 있다'는 내용의 편지였다. 편지를 보낸 이는 다름 아니라 수감돼 있는 이승만이었다. 그 범행은 이정학의 소행이며 자신이 현장에서 사라진 총기의 위치를 알고 있다는 일종의 제보였다.

백경사 피살 사건은 2002년 9월 20일 오전 0시 50분쯤 전주북부경찰서 금암2파출소에서 발생한 장기 미제다. 막 자정을 지나 추석 연휴 첫날이 됐을 무렵 백경사는 다른 직원들이 순찰을 나간 사이 혼자 일하다 누군가 휘두른 흉기에 당했다. CCTV는 먹통이었다. 범인은 백경사가 허리춤에 차고 있던 실탄 4발과 공포탄 1발이 장전된 38구경 권총을 훔쳐 달아났다.

당시 경찰은 유력한 용의자로 20대 3명을 붙잡았지만 이들은 법정에서 '경찰의 구타로 허위 자백했다'며 진술을 번복했다. 경찰은 이후에도 사라진 권총과 실탄을 찾기 위해 주변을 수색했으나 찾지 못해 사건의 실체는 20년 넘게 미궁에 빠져 있었다. 그 사건이 다시 수면으로 떠오른 순간이다.

편지를 받은 전북경찰청은 사건의 실마리를 풀기 위해 수사를 재개했다. 2023년 3월 3일 이승만이 언급한 울산의 한 여관을 찾아갔고 철거를 앞둔 그곳의 방 천장에서 총기를 발견했다. 백경사가 소지하고 있던 총기와 일련번호가 일치했다. 다들 눈이 휘둥그레졌다.

사건 발생 21년 만에 사라진 권총이 발견되면서 경찰은 이승만과 이정학을 각각 4차례씩 불러 조사했다. 하지만 둘 다 백경사를 살해한 사람은 자신이 아니라며 서로에게 범행을 떠넘겼다. 둘을 백경사 피살 사건의 유력한 용의자로 파악한 경찰은 "모든 것을 종합해봤을 때 최소한 둘 중 한 명"이라고 지목했다.

그동안 경찰관에게 총기를 빼앗은 다음에 또 다른 범행을 저지른 패턴으로 미뤄볼 때 백경사 피살 사건도 추후 범행을 위한 사전 단계일 수 있었다. 실제 둘이 2001년 10월 순찰 중이던 경찰관을 차로 들이받고 총기를 탈취한 다음 두 달여 뒤 은행 강도 범행을 저질렀듯이. 대전 은행 강도살인 사건을 벌이고 9개월이 된 2002년 9월, 이제 둘은 다른 범행을 준비하기 위해 나선 것이라는 분석이었다.

"숨진 백경사의 몸에서 발견된 상흔도 원한 관계보다는 총기를 빼앗기 위한 범행일 가능성이 높다. 일반적으로 원한 관계에 의한 살인은 얼굴 등에 상처가 집중되거나 짓밟힌 흔적 등이 있는데, 백경사에게는 일부 흉기를 방어한 상처는 있지만 그런 형태의 상흔은 발견되지 않았다."

또 둘은 어릴 적에는 대구에 살았으나 이후 대전으로 활동 무대를 옮겼고 충남 논산에서 불법 음반 판매를 하며 전북을 종종 찾은 점에 비춰 대전과 전주에서 연달아 범행을 저질렀을 지리적 연관성이 충분히 있었다.

2002년 전북 전주에서 발생한 '백경사 피살 사건' 당시 사라졌다가
21년 만에 경찰이 회수한 38구경 권총. 사진 전북경찰청

　이승만은 '백경사 피살 사건'이 이정학의 단독 범행이라고 주장
했지만 이정학은 끝까지 부인했다. 경찰은 둘이 공범일 가능성을
열어두고 수사하던 중 이승만이 사라진 총기 소재지 등을 적극적
으로 제보한 점, 사건 당시 대구에서 가족과 함께 있어 알리바이가
명확한 점을 토대로 이정학의 단독 범행으로 결론 내렸다. 무엇보
다도 당시 사건 현장에서 족적이 발견됐는데 발자국의 크기가 이
정학의 발 사이즈와 일치한 점이 결정적이었다.

　이정학은 2002년 추석 당시 목돈을 마련하려고 대전 은행 강도
살인 사건과 유사한 형태의 범행을 계획했다. 그 과정에서 경비원
등을 제압할 목적으로 총기 탈취 범행을 준비했다. 이정학은 9월
20일 자정쯤 금암2파출소 뒤쪽 담장을 넘어 침입한 뒤 혼자 근무

하던 백경위를 살해하고 권총을 빼앗아 달아났다. 이후 논산을 거쳐 대전으로 도주했다. 경찰은 이정학이 수사에 혼선을 주려고 연고가 없는 전주를 범행 장소로 물색한 것으로 봤다. 또 파출소 경찰관 중에 나이가 가장 많은 백경사를 표적으로 삼은 점에 비춰 치밀한 계획범죄로 판단했다.

울산 여관에서 발견된 권총은 비어 있었다. 이승만은 당시 이정학이 총을 구해 왔다며 추가 범행을 제안하자 총기를 사용할 경우 미제로 남은 '대전 은행 강도살인 사건' 범행까지 들통 날 것을 우려해 총을 맡아 보관했다. 그러다 2005년 고속도로 휴게소에서 총알을 우유갑에 담아 버렸다. 이승만은 이후 5차례에 걸쳐 총기 보관 장소를 옮겼고 2007년 자신이 거주하던 울산 여관방의 천장에 총기를 숨겼다. 경찰은 총기를 사용한 추가 범행이 드러나지 않은 점에 비춰 그의 진술에 신빙성이 있다고 봤다.

백경사 피살 사건이 나고 넉 달 뒤인 2003년 1월 22일 둘은 대전 은행동 쇼핑몰의 지하주차장에서 4억 7천만 원이 실린 현금 수송차를 통째로 훔쳐 달아났다. 당시 도난당한 차량은 몇 시간 뒤 사건 현장에서 1.5킬로미터쯤 떨어진 한 건물 지하주차장에서 발견됐지만 이미 현금은 사라진 뒤였다.

경찰은 백경사 피살 사건을 제보한 이승만과 깊은 신뢰 관계를 형성한 김에 '대전 은행동 쇼핑몰 현금 수송 차량 절도 사건'이 이정학과의 공동 범행이었다는 자백을 받아냈다. 이때도 총은 들고 가지 않았다고 이승만은 말했다.

당초 이승만은 '대전 은행 강도살인 사건'의 수사 과정에서 '대전 은행동 쇼핑몰 현금 수송 차량 절도 사건'은 자신의 단독 범행이었다고 주장해왔다. 하지만 이번 수사 과정에서 경찰에 이정학과의 공동 범행임을 자백했고 치밀한 계획범죄였던 점을 뒷받침하는 구체적인 내용도 진술했다.

결국 경찰의 판단대로 백경사 피살 사건은 대전 은행동 쇼핑몰 현금 수송 차량 절도 사건을 위한 준비 과정이었던 셈이다. 이 절도 사건은 공소시효가 2008년 완료돼 이제 법원으로부터 유무죄의 판단을 받을 수 없다.

끝으로 사건이 하나 더 있다. 2004년 7월 이정학은 고속도로 요금소에서 교통사고를 낸 뒤 차를 버리고 달아났다. 경찰이 출동해 차를 뒤져보니 트렁크에서 흉기와 밧줄이 나왔다. 붙잡힌 이정학은 한 유흥업소 사장을 상대로 강도질을 하려고 했다고 진술했다.

경찰은 그때 발견된 흉기와 백경사를 죽음에 이르게 한 흉기가 유사하다는 점에 주목했다. 백경사의 시신을 부검한 국립과학수사연구원이 상처 형태와 깊이를 보고 추정한 흉기 모양이 있었다. 이정학은 그때 강도예비죄로 징역 5년을 선고받았다. 그러면서 사건이 종결돼 흉기는 폐기됐다. DNA 감식을 벌여 백경사 사건과의 연관성을 따져볼 결정적 기회가 없어진 것이다.

그렇다면 이승만은 왜 교도소에서 편지를 써가며 백경사 피살 사건을 제보했을까. 이승만은 자신보다 약한 처벌을 받을 이정학에 대해 매우 분개한 것으로 전해진다. 즉 대전 은행 강도살인 사건 항소심에서 이정학이 '경찰(백경사)을 죽이고 총을 빼앗은 흉악한 자'라는 점을 부각해 해당 사건에서 총을 쏜 건 자신이 아니라고 주장하려는 심산이었을 것이다. 실제 항소심 변론에서 이승만은 "같이 범행했으니까 형량을 맞춰달라"며 총을 쏜 범인은 이정학이라고 재차 주장했다.

2023년 8월 18일 항소심을 맡은 대전고등법원 재판부 역시 범행 당시 총을 쏜 주범은 이승만이라고 판단했다. 그에 대한 형량도 바꾸지 않았다. 다만 이정학에 대해 징역 20년을 선고한 1심 부분은 양형에 문제가 있다고 판단해 그것을 파기하고 무기징역을 선고했다. 이정학 또한 권총의 방아쇠만 직접 당기지 않았을 뿐 살해에 대해 충분히 예상하고 동의했다. 은행 강도는 혼자서는 감행하지 못할 범행인데 이정학은 여기서 반드시 필요한 중요한 역할을 했다.

또 재판부는 해당 사건 이전과 이후에도 이정학이 강도 범행을 상습적으로 저지른 점을 짚었다. 항소심에 이르는 과정에서 밝혀진 백경사 피살 사건이 그에게 불리하게 작용한 셈이다.

2023년 12월 14일 대법원은 두 사람 모두에게 무기징역을 선고한 원심을 확정했다. 백경사 피살 사건은 현재 경찰이 이정학을 강도살인 혐의로 검찰에 송치한 상태다.

사건 일지 _____

2001년 10월
15일 오전 0시 이승만과 이정학, 대전 송촌동에서 걸어서 순찰하던 경찰관을 차로 치고 권총을 탈취.

12월 1일 수원 영통동에서 시동이 걸린 채 주차돼 있던 그랜저 XG 차량을 훔침.

12월 21일
오전 10시 대전 둔산동의 한 은행 지하주차장에서 은행 출납과장에게 실탄을 쏘고 현금 수송 차량에서 3억 원을 강탈해 도주.

12월 21일
오후 6시 경찰, 인근 빌딩 지하주차장에서 범행 차량 발견. 범인들의 지문을 검출하지 못함.

2002년
1월 24일 수사본부, 사건 범인들에 걸린 현상금을 2천만 원에서 4천만 원으로 올림. 용의자 2명에 대한 수배 전단을 20만여 장 제작해 배포.

12월 30일 충남경찰청, 수사본부 해체.

2011년
12월 대전경찰청 중요미제사건 전담수사팀이 사건 인수.

2017년
9월 사건 당시 발견된 현장 유류물을 국립과학수사연구원에 재감정 의뢰.

10월	대전 은행 강도살인 사건의 유류물 DNA와 2015년 충북 불법게임장 사건의 현장 유류물 DNA가 일치한다는 결과 통보.
2022년 3월	대전경찰청, 이정학을 유력 용의자로 특정.
8월 25일	대전경찰청, 이정학과 이승만을 사건 발생 21년 만에 검거.
8월 30일	신상정보공개 심의위원회, 이승만과 이정학 신상 공개.
9월 20일	대전지방검찰청, 강도살인 혐의로 이승만과 이정학을 구속 기소.
2023년 2월 17일	대전지방법원, 이승만에게 무기징역을, 이정학에게 징역 20년을 선고.
2023년 8월 18일	대전고등법원, 이승만은 1심과 같이 무기징역 유지하고 이정학은 1심 선고형인 징역 20년을 파기하고 무기징역을 선고.
12월 14일	대법원, 이승만과 이정학 둘 모두에게 무기징역을 선고한 원심을 확정.

20

인천 80대 노인 아파트 추락사 사건

재산 나눠주고 장애인 동생까지 돌본 옆집 노인 살해,
미궁 막은 결정적 증거는?

1

2019년 10월 13일 오후 2시 10분쯤 인천 미추홀구 아파트. 순
찰하던 경비원이 아파트의 뒤편 담벼락과 주차된 차량 사이에서
처참한 모습으로 숨겨 있는 A씨(81세)를 발견했다. 같은 아파트
17층 옆집에 사는 B씨가 전날 112에 신고한 그 노인이었다. 10월
12일 오후 4시 54분쯤 접수된 신고 내용은 이랬다.

"치매가 있는 노인이 없어졌다. 오전에 통화했는데 옥상에서 떨
어져 죽을 거라는 얘기를 했었다."

A씨의 시신이 발견된 당일 오후 B씨는 참고인 신분으로 경찰 조
사를 받았다. "A씨가 우울증으로 극단적 선택을 한 것 같다"는 말
이었다. 하지만 탐문 수사에서 밝혀진 내용과 달랐다. A씨는 고령

에도 매일 걷기 운동을 하며 주변 사람들에게 "90세까지 살 것"이라고 말할 정도로 건강관리에 신경을 썼다. 그렇게 삶에 대한 의지가 강했던 사람이 하루아침에 극단적 선택을 할 가능성은 낮았다.

경찰은 B씨의 진술보다는 A씨의 목 부위에 보이는 작은 피하출혈 자국에 주목했다. 과학수사요원은 추락이 아니라 손에 눌린 것처럼 다른 외력에 의해 생긴 피하출혈로 추정했다. 극단적 선택이 아닐 가능성에 무게를 둔 경찰은 아파트에 설치된 CCTV의 영상을 검토했다.

A씨는 10월 11일 낮 12시 27분 귀가한 뒤로는 집 밖으로 나오지 않았다. 10월 12일 오전 8시쯤 B씨가 자기 집에 들렀다가 10분 뒤 엘리베이터를 타고 내려가는 모습이 나왔다. 영상에는 B씨의 남편 C씨(67세)가 A씨 집으로 들어가는 모습도 찍혔다. C씨는 경찰 조사에서 이렇게 진술했다.

"(10월 12일 오전 8시 10분쯤) 아내를 배웅하고 A씨 집에 가보니 없었다. 불길한 생각이 들어 아내에게 전화해 혹시 떨어져 있는지 살펴보라고 했다. 오전 9시 넘어 다시 옆집을 찾아갔더니 A씨는 없고 요양보호사가 와 있었다."

B씨도 이렇게 설명했다.

"학교에 가기 전에 A씨 집에 들렀다. 아무도 없어서 그냥 나왔다. 남편이 A씨가 떨어져 있는지 가보라고 해서 아무 생각 없이 (아파트 뒤편으로) 가봤으나 없었다."

요양보호센터를 운영하던 B씨는 당시 서울에 있는 한 대학에서

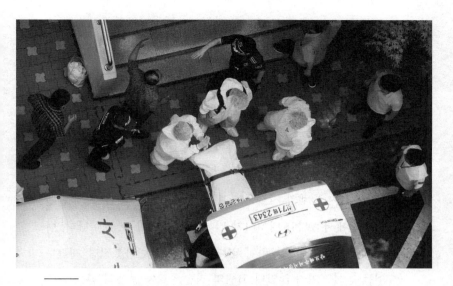

2019년 10월 12일 아침 8시쯤 인천 미추홀구 한 아파트의 17층 집에서 지상으로 추락한 A씨는 30시간이 지난 다음 날 오후 2시 10분쯤 아파트 담벼락 옆에서 숨진 채 발견됐다. 사진 한국일보

강좌를 듣고 있었다. 그날 오전 그의 말처럼 등교해 시험을 치르고 일부 수업도 정상적으로 받았다. 그날 오후 수업을 듣고 돌아와 112에 신고하기 전에 B씨는 A씨가 평소 자주 찾던 친목회 사무실에 들러 그의 행방을 묻기도 했다.

B씨 부부의 진술에 수상한 점은 있었지만 목격자가 없는 상황에서 사건은 자칫 미궁에 빠질 수 있었다. 그때 경찰은 A씨 집에서 함께 살며 그의 보살핌을 받던 C씨의 동생으로부터 결정적 진술을 확보했다.

사건 당일 A씨 집 거실에서 A씨와 C씨가 싸웠고 그 자리에 B씨도 있었다는 것. 뇌성마비로 중증 장애를 앓던 C씨 동생은 참고인 조사에서 형이 A씨의 멱살을 잡고 흔들거나 목 부위를 미는 행위를 목격했다고 진술했다. 실제 집 구조상 그가 누워 생활하는 작은 방에선 거실이 보였다. 그는 말하거나 글씨를 쓰는 게 어려워 고개를 끄덕이거나 목격한 장면을 손동작으로 보여주는 식으로 조사에 응했다.

경찰이 C씨 동생의 진술을 토대로 추궁하자 결국 B씨는 "남편이 A씨 집에서 A씨와 다투다가 밀어 떨어뜨렸다"고 털어놨다. 나중에 법정에서 "목격한 적이 없다"고 진술을 번복했지만 재판부는 이를 받아들이지 않았다. B씨의 진술은 C씨 동생의 진술과 일치한 데다 직접 목격하지 않았으면 알기 어려운 구체적 내용이 많았기 때문이다.

경찰은 사건 당일 오전 8시쯤 C씨가 A씨를 거실 베란다 밖으로 밀어 살해한 것으로 보고 그를 살인 혐의로 검찰에 송치했다.

2

사건의 발단은 5년 전인 2014년으로 거슬러 올라간다. 그해 A씨는 인천의 한 병원에서 아내를 돌보던 중 B씨를 알게 됐다. B씨는 남편 C씨와 함께 시동생을 보살피고 있었다. 2016년 A씨가 아내를 여의고 홀몸이 되고부터는 B씨가 A씨 집을 오가며 식사를 챙겼다. A씨는 그렇게 친분이 쌓인 B씨에게 충남 태안에 있는 토

지에 대해 소유권을 넘겨줬다. 그는 자신이 사망할 경우 집 소유권
도 B씨에게 넘겨주겠다고 약속했다. 둘 사이에 신뢰는 돈독했고 B
씨는 평소 A씨를 아버지라 불렀다. B씨는 A씨의 신용카드로 골프
의류와 가구, 침구 등을 구입하기도 했다.

2017년 11월 B씨 부부는 A씨로 하여금 같은 아파트의 옆집으
로 이사 오게 했다. 그러면서 중증 장애로 거동이 어려운 C씨 동생
까지 데려와 A씨에게 돌봐달라고 맡겼다.

재산을 B씨 부부에게 넘긴 뒤 점점 경제 형편이 안 좋아지면서
A씨는 세금과 병원비를 내기조차 어려워졌다. 2019년 5월쯤부터
A씨는 "태안군 토지를 매도해 돈을 나눠달라"고 요구했다. 그때부
터 C씨는 A씨에게 불만을 갖게 됐다. 자신들과의 관계를 깨고 재
산을 돌려달라고 할지 모른다는 불안감이 엄습했다.

2019년 10월 12일 아침 7시 29분쯤 A씨는 입원 중이던 B씨에
게 전화했다. 허리가 아프니 병원에 데려가달라는 것. B씨는 바로
7시 31분쯤 남편에게 전화해 "A씨가 아프다고 하니 집에 한번 가
보라"고 했다.

경찰 조사에서 C씨는 아침 8시 10분쯤 아내를 배웅하고 A씨 집
을 찾아갔을 때는 이미 그가 집에 없었다고 둘러댔다. 하지만 그때
는 이미 사건이 벌어진 뒤였다. 병원에서 나온 B씨는 등교하기 전
에 아침 8시쯤 자기 집에 들렀다. 남편 C씨는 집에 있었다. 그리고
A씨 집으로 가려는데 남편이 뒤따라 나왔다. A씨 집에서 말다툼

을 하다가 격분한 남편이 범행을 저지른 순간 B씨는 현장에서 목격했다. 아침 8시 10분 C씨가 엘리베이터 앞에서 아내를 배웅하고 A씨 집으로 다시 들어가는 모습이 CCTV에 찍혔다.

B씨는 아침 8시 12분쯤 남편과의 통화를 마치고 아파트 경비원을 찾아가 "00호 할아버지가 죽는다고 연락이 왔는데 집에 없다. 동 뒤편을 확인해달라"고 말했다. 곧바로 자신이 직접 아파트 뒤편으로 가 잠시 둘러보기도 했다. 이후 재학 중인 대학교를 향해 차를 몰았다.

C씨는 요양보호사가 출근한 뒤인 오전 9시쯤 또다시 A씨 집을 찾았다. A씨는 어디 갔느냐고 묻고는 베란다로 가 방충망을 살펴봤다. 이내 "어, 방충망이 고장 났네"라고 말하더니 경비실에 연락해 수리를 요청했다.

B씨는 학교를 마치고 인천으로 돌아오던 중 오후 3시쯤 A씨가 자주 가는 친목회 사무실에 들러 행방을 수소문했다. 계속 A씨의 휴대폰으로 전화해 부재중 기록을 남기다가 오후 4시 54분쯤 112에 실종 신고를 했다.

경찰의 탐문 수사에서 같은 동에 사는 주민들 몇 명이 사건 당일 아침 8시쯤 '쾅' 하는 큰 소리의 충격음을 들었다고 진술했다. 시신이 발견된 직후 참고인 조사에서 B씨는 처음에는 사건 당일 A씨 집을 찾아가지도, A씨가 아파트에서 떨어지는 순간을 목격하지도 않았다고 말했다.

"그날 아침 A씨가 전화를 걸어 와 느닷없이 '나, 죽어버릴 거요'

라고 하며 전화를 끊었다. 병원에서 나와 집에 들르지 않고 바로 학교에 갔고, 오후 5시쯤 비로소 A씨가 집에 없는 것을 확인했다. A씨가 우울증으로 자살한 것 같다."

그러나 경찰이 사건 당일 오전 8시쯤 B씨가 자기 집에 들르는 CCTV 영상을 보여주자 그는 갑자기 말을 바꿨다. 이후 B씨는 수차례 진술을 번복했다. 경찰은 이제 B씨를 피의자로 신문했다.

"학교에 가기 전 준비물을 챙기기 위해 집에 왔다. 학교 갈 준비를 하고 나와서 A씨 집 현관문을 열고 신발장까지 들어가 '아버지, 저 학교 가요'라고 했으나 A씨가 없어서 그냥 나왔다. 아침 8시 12분쯤 남편으로부터 '밑에 보니 아버님이 안 보인다. 떨어져 있나 가보라'는 전화를 받고 아무 생각 없이 시키는 대로 가봤으나 A씨가 없었다."

수사에 마땅한 출구가 보이지 않는 가운데 그해 11월부터 경찰은 C씨 동생을 참고인으로 조사했다. A씨 집에서 작은방에 누워 생활하던 C씨 동생은 사건 당일 무엇을 보았을까. 그를 돌보던 요양보호사는 평소 작은방의 방문을 항상 열어놓는다고 진술했다. 침대는 발이 방문을 향해 배치돼 있어 침대에 누운 상태에서 거실을 볼수 있었다. C씨 동생은 '사건 현장에 A씨와 형, 형수가 있었고 그들사이에 싸움이 벌어졌으며 나중에 형 부부가 사건에 대해 아무 말도 하지 말라고 지시했다'는 취지의 말을 일관되게 진술했다.

'B씨가 범행 현장에 있었다'는 진술을 확보한 경찰은 12월 8일 오전 B씨를 긴급 체포했다. 그때 B씨에게서 결정적인 진술이 나왔다. 그날 아침 A씨 집에서 자신이 본 것을 매우 사실적이고 생생하게 묘사한 것이다. 진술은 직접 경험하지 않고는 알기 어려운 세부 정보를 담고 있었다. 당시 남편과 A씨의 대화가 싸움으로 번지는 과정, 구체적인 몸싸움 내용, 주변에 있던 자신과 시동생의 반응까지 빠짐없이 털어놓았다.

"집사람이 퇴원하면 병원에 같이 가주겠다고 하니 좀 참으세요"라는 남편의 말에 A씨는 돈 얘기를 다시 꺼냈다. 대화는 금방 말다툼으로 번졌다. 큰 소리를 지르며 싸우는 가운데 남편의 입에서 반말과 욕설이 튀어나왔고 급기야 남편이 A씨의 멱살을 움켜쥐었다. A씨가 대항하려고 했지만 힘에 부쳤다. "내 땅 팔아서 줘"라는 A씨의 말이 뇌관을 건드렸다. 격분한 남편이 멱살을 잡은 채 A씨를 창가 방충망 쪽까지 밀고 갔다. 그리고 한 손으로 방충망을 열고 A씨를 밀어버렸다. 눈 깜짝할 사이에 벌어진 일이라 말릴 틈도 없었다. A씨가 눈앞에서 사라진 순간 몸에 마비가 오면서 머릿속이 하얘졌다.

"그러면 어떡해."

아내의 말이 안 들리는 듯 남편은 멍하니 거실에 서 있었다. 옆에 있던 시동생은 눈을 동그랗게 뜨고 깜짝 놀라는 표정을 지었다.

하지만 12월 9일 밤 B씨는 무혐의로 풀려났다. C씨에 대한 구속영장도 경찰 수사 단계에서 기각됐다. B씨는 종전의 목격 진술은 경찰에 체포된 나머지 무서워서 잘못 진술한 것이라며 말을 또 뒤집었다. 검찰은 살해에 관여한 정황이 없다며 B씨에 대해선 기소하지 않았다.

B씨가 경찰 수사 후반부터 법정에 이르기까지 번복한 내용에 대해선 법원은 믿기 어렵다며 인정하지 않았다. 토지를 증여받고 아파트까지 유증을 받은 사실, A씨의 신용카드로 자신의 의류 등을 구입한 사실이 밝혀진 상황에서 사건 현장에 남편과 함께 있었다는 사실로 살인의 공범으로 몰릴까 봐 B씨가 말을 번복한다는 것이다.

해당 재판부는 그날 아침 아무런 돌발 상황이 없는데 남편이 B씨에게 전화를 걸어 "위에서 아버님이 안 보이니 당신이 직접 뒤쪽으로 가서 아버님이 있는지 확인해보라"는 말을 하는 것은 어색하다고 했다. 그 말에 B씨가 곧바로 아파트 뒤쪽으로 가 A씨를 찾았다는 것 역시 납득하기 어렵다. 이런 행동은 그날 아침 A씨가 집 베란다 밖으로 떨어진 상황을 염두에 둔 것이다.

2023년 2월 14일 인천지방법원은 C씨에게 징역 15년을 선고했다. 계획범죄가 아닌 점이 양형에 참작됐다.

21

대구 직장 동료 가스라이팅 사건

낮에는 애 보고 밤엔 성매매,
옛 동료 강제 결혼까지 시켜 노예처럼 부린 부부

1

A씨와 그의 남편(각각 41세)은 2019년 9월부터 2022년 9월까지 3년간 30대 여성 B씨에게 2500여 차례 성매매를 시키고 5억 1000만여 원을 뜯어냈다. 부부는 B씨를 하루 종일 노예처럼 부렸다. 대구의 한 대학병원에서 간호조무사로 일하는 이들은 집을 비운 낮 시간에는 B씨에게 자신들의 자녀를 보살피게 했다. 밤이 되면 성매매를 강요하며 밖으로 내몰았다. 하루 최소 80만 원의 할당량을 정해놓고 B씨가 이를 채우지 못하면 이튿날 모자란 돈에 이자를 더해 할당 금액을 더 높였다.

성매매 시간과 대가는 실시간으로 보고하게 하고 보고가 조금이라도 늦어지면 "사람을 붙였으니 딴생각하지 말라"며 협박을 일삼았다. 육체적 학대도 서슴지 않았다. B씨가 부부의 눈에 거슬리는 행동을 할 때마다 찬물이 담긴 욕조에 알몸 상태로 들어가 있게 하거나 주먹과 발은 물론 죽도와 의자 등 각종 집기를 동원해 마구 폭행했다.

B씨는 A씨 부부의 협박과 폭행을 견디다 못해 도주했지만 얼마 지나지 않아 붙잡혔다. A씨 등이 B씨의 개인정보를 모두 손에 쥐고 있어 금세 위치를 파악할 수 있었기 때문이다. B씨가 휴대폰 등을 끄고 잠적해도 흥신소까지 동원해 찾아냈다. 또 살을 찌우기 위해 B씨에게 3, 4인분 음식을 한 번에 먹도록 강요하고 토하거나 목표치 몸무게에 이르지 못하면 폭행하는 등 가혹 행위를 이어갔다. A씨 부부는 뜯어낸 성매매 대금을 고급 외제차를 사거나 빚을 갚는 데 썼다.

B씨가 폭행 후유증에 시달려도 성매매는 멈추지 않았다. 부부는 화장품과 선글라스 등으로 상처를 가리게 하고 바로 성매매를 강요했다. 일부 성매수 남성은 B씨의 몸에 난 상처를 보고 도망가기도 한 것으로 전해졌다. 경찰에 덜미가 잡힌 것도 한 성매수 남성이 경찰에 신고하면서다.

"나한테는 언니 말이 그냥 법이었어요."

성매매, 아이 돌봄, 집안 청소, 제사 준비, 원하지 않던 이혼에 강제 재혼까지. 3년간 B씨가 감내해야 했던 삶이다. 노예 생활보다 더한 그의 소식이 알려지자 파장은 컸다. 대중은 피해자를 머슴처

럼 부리며 5억 원 넘는 돈을 갈취한 부부를 향해 분노를 쏟아냈지
만 한편으론 '지능에 문제가 있지 않고야 그리 오랜 기간 속수무
책 당할 수 있느냐?'는 의문도 꼬리를 물었다.

필자와의 인터뷰에서 그는 온갖 추측에 단호히 고개를 저었다.

"학원에서 아이들을 가르쳤을 정도로 정신은 멀쩡해요. 그때는
A씨 등에게 극심한 폭행을 당해도 '내가 잘못해서 맞는구나'라는
생각밖에 하지 못했습니다."

B씨는 이제 무엇이 잘못됐는지 잘 안다. "아무것도 하지 않으면
아무 일도 없던 것처럼 넘어갈까 봐 두렵습니다"고 했다. 그가 인
터뷰에 응한 이유다.

A씨와는 과거 직장 동료 사이였다. 처음 알게 된 것도 2011년
대구의 한 학원에서 교사로 일하면서다. A씨는 사회 초년생이자
낯선 객지 생활을 버거워하는 B씨에게 다가가 기꺼이 '절친 언니'
를 자처했다. B씨는 일과 남자친구, 주거 등 모든 문제를 A씨와 의
논했다. 어떤 신용카드를 만들지, 액세서리는 무얼 살지, 사소한
것 하나까지 의지했다.

"사촌오빠 집에 얹혀살고 있었는데 다 큰 성인끼리 살면 오해를
받을 수 있다며 언니가 나오라고 했어요. 진심으로 나를 위하는 것
같아 더 믿고 따르게 됐습니다."

언니는 서서히 본색을 드러냈다. 2017년 B씨의 결혼이 결정타
가 됐다. B씨가 금전적 어려움을 토로했을 때 자신을 잘 따르는 점
을 이용해 "돈을 맡아 관리해주겠다"며 자기 소유의 낡은 아파트

로 이사하라고 권했다. 그러더니 끊임없이 이혼을 종용했다. B씨 남편은 A씨를 탐탁지 않게 여겼지만 꾐에 빠진 B씨는 결국 이혼할 수밖에 없었다. 몇 달 뒤엔 언니가 정해준 생면부지의 남성과 재혼까지 했고 이름도 바꿔야 했다.

어느덧 B씨는 언니한테 심리적으로 완전히 지배됐다. "넌 내게 갚아야 할 빚이 있다"고 하며 거액의 빚이 있다고 믿게 하는 가스라이팅이었다. 이후 B씨는 언니가 요구하는 돈을 벌기 위해 학원 근무와 식당 주방 아르바이트 등을 했다. 2019년부터는 하루 종일 일하고 돌아오는 대로 밤마다 술집에 나가야 했다. A씨가 시키는 건 뭐든지 해 수입을 갖다 바쳤다. 성매매도 그렇게 시작했다.

"전부 돈과 관련돼 있었어요. 개명하는 데 400만 원이 들었다며 갚으라고 하고, 생활비가 많이 든다며 하루 80만 원에서 최대 150만 원까지 할당량을 주고 성매매를 시켰습니다."

언니가 경북 일대 특정 지역을 지목하면 B씨는 그곳에서 성매매 손님을 물색해 할당 금액을 채웠다. B씨의 재혼한 남편(38세)은 A씨 부부의 직장 후배로 B씨가 도망가지 못하게 지켜보는 감시자 역할을 했다. 돈을 채우지 못한 날엔 어김없이 A씨 부부의 무자비한 매질이 돌아왔다. 할당량을 채워도 '전화를 빨리 받지 않는다', '생일 선물을 안 준다', '대답이 늦는다' 등 갖은 핑계를 대가며 매일같이 때렸다. 폭행한 뒤에는 꼭 '성매매를 폭로하겠다', '나중에 같이 집 짓고 행복하게 살기로 하지 않았느냐. 조금만 고생하면 된다'는 식으로 B씨를 어르고 달랬다. 협박과 회유는 가스라이팅의 전형적 수법이다.

지옥 같은 삶을 살던 B씨를 구원한 이는 역설적이게도 생전 처음 본 성매수 남성이었다. 2022년 9월 그 남성은 B씨의 몸에 난 상처를 보고 이상히 여겨 설득한 끝에 경찰에 고소하게 했다. 대구 중부경찰서는 수사를 거쳐 인면수심의 A씨 부부를 붙잡았다. 이후 A씨는 성매매처벌법 위반(성매매강요)과 감금, 상해 등 혐의로 구속되고 A씨 남편과 B씨 남편은 불구속 상태로 송치됐다.

사건을 넘겨받은 검찰은 보완 수사를 통해 A씨 남편과 B씨 남편의 성매매강요와 공동상해, 감금 혐의를 추가로 밝혀내 구속영장을 발부받았다. 둘은 B씨가 피해 사실을 경찰에 신고하도록 도와준 성매수 남성에게 140여 차례에 걸쳐 협박성 문자메시지를 보내기도 했다. B씨 남편은 A씨 부부가 사는 아파트에서 함께 생활했다.

구속돼 재판을 받던 B씨 남편은 혼인 파탄의 책임을 물어 아내인 B씨에게 재산 분할과 함께 수천만 원의 위자료를 청구했다. "아내가 성매매를 하고 성매수 남성과 불륜을 저질러 정신적 피해를 입었다"고 했다. 적반하장이었다.

A씨 부부의 변호인은 결심공판 당시 최후변론에서 "A씨는 B씨에게 성매매를 중단하라 했지만 피해자가 자발적으로 성매매를 했고, 오랜 기간 이어진 것으로 볼 때 강요한 것은 아니라고 본다"는 논리를 폈다.

2023년 9월 1일 대구지방법원은 A씨에게 징역 10년을, A씨 남편과 B씨 남편에게는 각각 징역 6년을 선고했다. A씨 등은 재판을 받는 6개월간 29차례 반성문을 냈지만 억울함만 토로하고 자신의 가족을 걱정할 뿐 B씨에게 사과하지 않았다. 재판부는 "피고인들이 수차례 반성문을 제출했으나 진심으로 반성하고 있는지 의문"이라고 지적했다.

선고가 있던 날 법정을 찾은 B씨는 한참 동안 멍하니 방청석에 앉아 있었다. 보호 시설 직원들의 부축을 받으며 법정을 나선 그는 떨리는 목소리로 "(판결이) 성에 차지 않아요"라고 말했다.

2023년 12월 6일 항소심을 맡은 대구고등법원은 1심을 깨고 A씨에게 징역 13년을 선고했다. A씨 남편과 B씨 남편에 대해서는 각각 1심과 같은 형량을 선고했다. 1심은 피해자에게 피해자 남편과의 성관계 동영상을 촬영하게 한 혐의와 피해자의 도피를 도운 조력자를 스토킹한 혐의를 무죄로 판단했지만 항소심 재판부는 유죄로 인정했다.

2

"하루는 짐 싸들고 이동하고 있었는데 갑자기 숨을 못 쉬겠더라고요. 바로 여행 가방을 열어 길바닥에 다 쏟아낸 다음 그 안에 숨었어요."

B씨가 필자와의 전화 인터뷰에서 떨리는 목소리로 말했다. 당

가스라이터는 상대방과 친밀한 관계를 형성한 뒤 호감과 신뢰를 바탕으로 '친절하게' 스며든다.

시는 사건이 수면 위로 드러난 지 반년이 넘어 가해자들이 재판을 받던 중이었다. 그러나 그들에 대한 처벌 수위와는 별개로 B씨의 고통은 현재 진행형이다. B씨는 "가스라이팅임을 자각하고부터 극심한 후유증에 시달리는 중"이라고 토로했다. 한 달간 정신과 입원 치료를 받은 뒤 지금은 전문 보호 시설에서 생활하고 있다.

B씨는 "스스로도 왜 그렇게 살았는지 모르겠어요. 매일같이 당시 일이 떠올라 분노가 가라앉지 않아요"라고 말했다. 최근에는 대인기피증, 공황장애, 외상 후 스트레스 장애, 불면증 등 각종 정신 질환 진단도 받았다. 약물 치료와 심리 상담을 병행하고 있지만 '혼자 외출'은 꿈도 못 꾼다.

"지인이 신고하자고 경찰서에 끌고 가다시피 할 때도 정작 나는 뭐가 잘못됐다는 건지 깨닫지 못했어요. 정신을 차려보니 뉴스에서나 보던 사건의 피해자가 돼 있었어요."

몸은 벗어났지만 악몽은 여전하다. 무의식중에 봉인해두었던 기억들이 하나둘 떠오르며 수시로 가슴을 옥죄었다. 낯선 사람을 만나면 숨이 막히고 아무 데서나 통제력을 잃고 소리를 질러댔다. 학원 강사로 일할 만큼 사회적이었던 모습은 온 데 간 데 없고 일상적인 대화를 나누는 것도 벅찼다. 실제 인터뷰 중에도 B씨는 이따금씩 이제 막 한국어를 배우기 시작한 외국인처럼 "사람들 많은 데 못 가요. 공황장애 나타나요. 소리 질러요. 혼자 외출 안 돼요"라는 식으로 단문을 줄줄이 나열하거나 질문과 전혀 다른 대답을 내놨다. 아이마냥 "하면 안 돼, 그거 안 돼, 안 돼, 안 돼, 안 돼요"

등 같은 단어를 몇 번이고 반복하기도 했다. 말투나 발음 역시 예전에 만났을 때보다 훨씬 부정확하고 어눌했다.

그렇다고 B씨가 전하려는 메시지가 달라진 건 아니었다. 특히 A씨 등이 법정에서 성매매조차 B씨가 좋아서 스스로 한 것이라고 주장하는 등 혐의를 부인하는 걸 볼 때면 정신을 더욱 바짝 차리게 된다.

가스라이팅은 폭력 등 다른 범죄와 달리 교묘해 알아차리기 어렵다. 상대방과 친밀한 관계를 형성한 뒤 호감과 신뢰를 바탕으로 '친절하게' 스며들기 때문이다. 관계를 강조하다가 협박하고 다시 미래에 대한 기대 심리를 자극하는 식으로 피해자의 정신을 옭아맨다.

김경일 아주대 심리학과 교수는 유튜브 채널 '사피언스 스튜디오'에서 "가스라이터는 권위자, 보호자, 협력자의 얼굴을 하고 있다"면서 "특히 '보호자'로 여겨지는 사람들에 대해 나쁜 의도를 갖고 나를 대할 것이라는 생각을 하기는 어렵다"고 말했다. 이들은 관계 초반의 '좋았던 기억'을 상기시키며 '내가 시키는 대로 하면 다시 좋아질 수 있다'는 식으로 상대의 기억을 조작하고, 자신의 기대를 충족하도록 상대의 행동을 이끌어낸다.

가스라이팅 피해자들이 호소하는 대표적인 증상은 무력감이다. 가스라이터의 말에 불쾌함을 표시하면 "농담이었다", "네가 오해한 거다", "네가 잘 이해하지 못한 것이지 사실은 다르다"고 반박한다. 오히려 "너를 위해 한 것인데 어떻게 내게 이럴 수 있느냐", "너 때문에 마음이 아프다"는 식의 반응까지 돌아온다.

가스라이터를 신뢰하고 친밀하게 생각하는 피해자는 미안함에 자신의 기준과 자신이 느낀 감정을 부정하며 '내가 예민했나?'라고 생각하기 시작한다. 일상생활 전반에서 스스로를 의심하게 되기도 한다. 예컨대 지하철에서 처음 보는 남자가 욕설을 할 경우에도 그 사람이 잘못됐다고 생각하기보다는 '내가 어떻게 보였기에 이 사람이 나한테 그랬을까?'라는 식으로 모든 문제의 원인을 스스로에게 돌리는 식이다. 가스라이터의 의견을 묻고 따르는 일이 누적되면 결국 상대방의 지시를 무조건적으로 따르게 되며 '아무것도 해낼 수 없을 것 같다'는 심리적 공황 상태에까지 빠지게 된다.

'기계교 사건'이 대표적이다. 30대 여성은 동료 학부모의 "시스템이 지시하는 대로만 따르면 잘 먹고 잘살 수 있다"는 말을 믿고 기계교에 빠졌다. 기계교는 동료 학부모 자신이 만들어낸 허구였다. 그 학부모가 휴대폰 문자메시지로 보내오는 온갖 지시를 따르다 결국 2012년 3월 전북 부안의 한 모텔에서 자신의 7세와 10세두 딸을 살해했다. '기계의 지령'은 처음에는 '집 앞에 피자를 사다놓으라'는 등 사소한 것이었다가 나중에는 '아이들의 잠을 재우지 마라', '소풍을 보내지 마라', '역에서 노숙하라'는 등으로 수위가 높아졌다. 피해자는 이런 지시를 모두 따랐고 빚까지 지며 2년간 1억 4천만 원을 그 학부모에게 건넸다. 그는 '시스템'의 지시를 가장한 학부모의 말을 따라 남편 및 친정어머니 등과 연락을 끊는 한편, 끝내 남편과 잘못된 인연이니 헤어져야 하고 아이가 죽는 경우 남편과 이혼이 쉽다는 말까지 실행에 옮겼다.

전문가들은 가스라이팅을 당하고 있다고 느껴질 경우 고립되거나 위축되지 말고 '장점'을 이야기해주는 사람들을 찾아 만나는 것부터 시작하라고 조언한다. 주변 사람들 역시 가스라이팅 피해를 당하는 것으로 의심되는 사람에게 '너는 가스라이팅을 당하고 있다'는 말 대신 '너는 이런 장점을 갖고 있는 사람이다'라는 방식으로 자존감을 높여주는 방법이 효과적일 수 있다.

스스로 가스라이팅을 당하고 있음을 알아차리는 것도 중요하다. 최초로 가스라이팅을 심리학 용어로 규정한 미국 심리학자 로빈 스턴Robin Stern이 제시한 가스라이팅 위험 신호는 다음과 같다.

첫째, 자신이 애인, 배우자, 직원, 친구, 자녀로서 충분한 자격이 있는지 자주 의문을 갖는다. 둘째, 어떤 행동을 할 때 스스로 어떻게 느끼는지보다는 배우자가 좋아할지를 먼저 생각한다. 셋째, 무언가 상당히 잘못됐다는 것을 알지만 그것이 무엇인지 자신에게조차 설명할 수가 없다. 넷째, 상대방이 윽박지르는 것을 피하고 상황이 꼬이는 것을 피하기 위해 거짓말을 하기도 한다. 다섯째, 어떤 일도 제대로 할 수 없을 것 같다는 느낌이 든다. 여섯째, 직장에서 자주 혼란스럽고 얼빠진 느낌이 든다. 일곱째, 항상 어머니와 아버지, 애인, 직장 상사에게 사과한다.

22

파타야 살인 사건

'고수익 해외 알바' 덫에 빠진
20대 프로그래머의 죽음

1

"피해자를 어떻게 죽였나요?"(기자)

"내가 죽인 게 아니에요. 모르면 찍지를 말든가, XX."(김씨)

"유가족한테 할 말이 없으신가요?"(기자)

"…."(김씨)

2018년 4월 5월 인천국제공항 입국장. '파타야 살인 사건'의 주
범 김씨(39세)가 양손이 포승줄에 묶인 채 경찰관들과 함께 모습을
드러냈다. 김씨는 취재진을 시종일관 매서운 눈빛으로 노려봤고
호송차에 탈 때까지 반성의 기미조차 보이지 않았다. 청춘의 꿈을
부여잡고 태국으로 향했던 프로그래머 임씨(사망 당시 25세)가 파

2015년 태국에서 발생한 한국인 프로그래머 살해 사건의 범인 김씨(의자에 앉은 이)가 2018년 4월 5일 베트남 호찌민 떤선녓 국제공항에서 강제 송환 절차를 밟고 있다. 사진 한국일보

타야에서 살해되고 3년이 지났을 때다.

김씨와 공범 윤씨(40세)에 대한 재판은 그 후로도 한참 시간이 걸렸다. 김씨는 2021년에야 1심에서 징역 17년을, 윤씨는 2023년에야 1심에서 징역 14년을 선고받았다. 임씨는 왜 파타야에서 목숨을 잃었고 법원은 어떤 판단을 내렸을까. 그리고 김씨와 윤씨는 법의 심판을 받기까지 왜 이토록 오래 걸렸을까.

파타야의 비극은 2015년으로 거슬러 올라간다. 김씨는 그해 3월부터 태국 방콕에서 도박사이트를 여럿 운영하고 있었다. 그러던 중 도박사이트를 통합 관리하는 시스템이 있다면 직원을 소수만 고용하고도 막대한 돈을 벌어들일 수 있다는 생각에 지인을 통해 임씨를 소개받았다. 김씨는 임씨에게 월 600만 원을 주고 불법 도박사이트 통합관리시스템 개발을 맡겼다.

그해 9월 시스템 개발이 지체되면서 김씨가 "원활한 소통을 위해 합숙을 하자"며 임씨와 웹디자이너 A씨를 방콕의 사무실로 불렀다. 김씨는 비행기 티켓과 체류 비용 지원 등을 약속했다. 고수익을 챙기고 해외 근무까지 한다니…. 부풀었던 임씨의 꿈은 태국 땅에 발을 내딛는 순간 무참히 깨졌다.

김씨는 "개발 속도가 여전히 느리다"며 임씨를 매일 밤낮없이 폭행했다. 주먹질을 하고 발로 걷어차는 건 예사이고 라이터로 머리를 찍어 두피가 찢어질 지경이 되도록 괴롭혔다.

임씨가 가만히 있었던 건 아니다. 그해 10월 A씨와 함께 탈출을 시도했다. 그러나 출국하기 전 공항에서 김씨 일당에게 붙잡혔다. A씨는 이후 재차 탈출을 시도해 성공했지만 임씨는 그러지 못했다. 김씨는 A씨의 도피로 도박사이트 등이 발각될 것을 우려해 사무실을 방콕에 있는 윤씨의 주거지로 옮겼다.

김씨는 거처를 옮긴 뒤에도 "도박사이트의 회원 정보와 베팅 내역을 친구들에게 빼돌렸다"며 임씨를 폭행했다. 때로는 윤씨도 가세해 때렸다. 무자비한 폭력에 온몸에 멍 자국이 가득했고 머리와 양쪽 귀는 찢어져 고름이 나왔다. 치아도 부서졌다. 치료를 제대로 받지 못한 탓에 임씨의 건강은 날이 갈수록 악화됐다.

그해 11월 19일 김씨와 윤씨는 "도박사이트 운영 수익을 빼돌렸다"며 야구방망이와 전깃줄로 임씨를 폭행했다. 그날 저녁 임씨가 한국의 친구들에게 숙소 위치를 전송하고 수사기관에 신고할 것을 부탁한 사실이 드러났을 때 둘의 분노는 극에 달했다. 둘은 이번에는 방콕에서 파타야로 사무실을 옮기기로 했다.

파타야로 이동하는 밤중 내내 폭행이 이어졌다. 윤씨가 차량을 운전했고 뒷좌석에 김씨와 임씨가 앉았다. 전기충격기로 임씨의 신체를 지지는가 하면 흉기로 손톱을 빼버리는 등 끔찍한 폭행이 반복됐다. 가는 중간에 두어 번 임씨를 차량에서 내리게 해 야구방망이로 머리 등을 수십 차례 내려치기도 했다.

11월 20일 아침 6시 35분쯤 파타야의 한 호텔에 도착했을 때 임씨는 생명이 위급한 상태였다. 윤씨가 컵에 물을 떠다 주었으나 임씨는 의식을 회복하지 못했다. 둘은 외부의 시선이 차단되는 좀 더 은밀한 장소를 찾다가 풀빌라 형태의 리조트로 옮겼다.

오전 11시 40분쯤 둘은 빈사 상태에 빠진 임씨를 데리고 방라뭉의 리조트에 도착했다. 임씨를 살리는 일이 급한데도 그대로 차량에 방치한 채 둘은 입실 첫날부터 마약을 했다. 리조트에서 나온 뒤엔 서로 임씨를 떠넘기려 했다. 그날 오후 윤씨가 먼저 냅다 도망쳤고, 김씨는 리조트에 주차한 차량의 뒷좌석에 시신을 두고 야구모자와 선글라스를 씌워놓아 잠든 것처럼 꾸민 다음 현장을 떠났다.

2015년 11월 21일 저녁 7시. 임씨의 시신은 사망 추정 시간인 11월 20일 오전에서 하루 넘게 지나 발견됐다. 부검 결과는 참혹

했다. 갈비뼈 9개가 부러지고 왼쪽 폐가 찢겨 있었다. 주요 장기마다 피가 고여 있었다. 사인은 뇌부종이었다. 둘이 둔기로 머리를 때린 게 사망에 이르게 된 결정적 타격이었다.

임씨의 사망을 계기로 둘은 갈라섰다. 김씨는 11월 21일 태국 주재 한국대사관에 '윤씨가 숙소에서 임씨를 살해하고 사체를 유기하자고 했다'는 취지의 전화를 남기고 베트남 호찌민으로 도주했다. 이후 지인들을 시켜 임씨의 국내 거주지를 찾아가 컴퓨터 본체까지 없애게 했다.

윤씨는 김씨에게 함께 자수하자고 제안했지만 거절당하자 혼자 파타야 경찰서를 찾았다. 파타야 지방법원은 2016년 10월 살인 등 혐의로 기소된 윤씨에게 징역 15년을 선고했다. 윤씨는 법정에서 "김씨가 임씨를 심하게 폭행했고 나는 리조트에 도착해 일어나지 않는 피해자를 툭툭 친 게 전부"라고 주장했지만 법원은 받아들이지 않았다.

김씨의 도주극은 3년 만에 끝났다. 2018년 3월 베트남에서 체포돼 그해 4월 국내로 송환됐다. 검찰은 그해 5월 공동감금 등 혐의로 김씨를 재판에 넘겼고 10월에는 살인과 사체유기 등 혐의를 추가했다. 검찰은 법정에서 공동감금과 살인 혐의를 병합해 심리해 달라고 요청했지만 해당 재판부는 기각했다. 살인 혐의 재판이 시작될 무렵 공동감금 혐의 재판은 심리가 다 끝났기 때문에 병합하기는 어려웠다.

2

김씨에 대한 재판은 임씨가 사망한 지 3년 만에 국내에서 본격 시작됐다. 그 후 재판은 2년 넘게 끌었다. 시간이 오래 걸린 건 핵심 증인인 윤씨가 태국 교도소에 수감돼 있어서다. 신문하려면 한국으로 송환해 법정에 세워야 하는데 그렇게 하기는 어려웠다. 검찰은 국제형사 사법공조로 윤씨에게 물을 질문 등 신문 사항을 적어 보내 태국의 법정에서 증인신문을 하는 방안을 논의했다. 김씨 측은 처음엔 윤씨를 한국의 법정에 불러야 한다며 반대하다가 이후 받아들였다.

그렇게 2020년 태국 법원에서 윤씨에 대한 검찰 측 신문과 김씨 측의 반대신문이 통역을 거쳐 이뤄졌다. 방콕형사법원에서 진행된 윤씨에 대한 증인신문의 내용이 담긴 조서를 증거로 채택할지를 놓고 공방이 벌어졌지만 1심을 맡은 서울중앙지방법원 재판부는 최종적으로 증거능력을 인정했다.

그러나 진실은 쉽게 가려지지 않았다. 김씨는 "마약을 복용해 사리분별이 어려웠던 윤씨가 임씨를 살해했다. 나는 2015년 11월 초부터는 임씨를 폭행한 사실조차 없다"고 주장했다. 태국에 수감돼 있던 윤씨도 2020년 진행된 증인신문에서 임씨 사망의 책임을 김씨에게 떠넘겼다.

1심 재판부는 김씨가 윤씨와 공모해 임씨를 살해했으며 피해자에게 결정적인 폭행을 가한 주범은 김씨라고 결론 내렸다. 폭행이 일어난 현장에는 김씨와 윤씨만 있었을 뿐 다른 목격자는 없었다.

누가 결정적인 폭행을 가했는지를 단정할 직접증거는 없지만 재판부는 다음과 같은 이유로 김씨를 지목했다.

우선 "위계질서가 엄격한 조직 생활을 경험했기 때문에 나보다 나이가 많은 윤씨가 있는 곳에서 임씨를 때릴 수 없다"는 김씨의 주장을 받아들이지 않았다. 둘은 서로 다른 조직에서 생활했고 나이 차도 한 살밖에 나지 않았다. 결국 둘 사이는 도박사이트 운영에 누가 많은 자금을 부담하고 실질적인 책임을 졌는지에 따라 지위가 정해질 것이다. 실제 둘이 각각 운영하는 도박사이트를 비교하면 규모와 수익 면에서 김씨가 운영하는 도박사이트가 우월했다.

흥미롭게도 재판부는 파타야로 옮기기 위해 방콕의 본거지를 떠날 당시 엘리베이터 CCTV에 찍힌 둘의 움직임을 주시했다. 둘이 함께 엘리베이터를 탔을 때 김씨는 뒤쪽의 거울로 다가가 얼굴을 보는 반면 윤씨는 가장자리에 서서 층수 버튼을 누르고 있었다.

또 11월 20일 아침 6시 35분쯤 파타야의 한 호텔에 도착해서도 체크인을 하고 임씨에게 물 한 잔을 갖다 준 이는 윤씨였고 그 동안 김씨는 차 안에 그대로 있었다. 이런 점들을 고려하면 둘은 위계질서가 명확히 확립된 관계라고 볼 수 없다.

재판부는 '윤씨가 임씨를 폭행했다'는 김씨의 주장도 기각했다.

"김씨는 방콕에서 파타야로 이동하던 중에 윤씨가 커피 한 잔을 가져다줬다는 매우 세부적인 내용은 진술하면서도, 임씨가 사망 당일 당한 피해와 관련한 상황에 대해선 답변을 회피했다. 윤씨가 파타야로 이동하는 과정에서 차를 운전하고 있었던 점 등을 고려하면 임씨를 사망에 이르게 한 폭력은 김씨가 했다고 봐야 한다."

임씨가 사망한 뒤 허위 신고한 것도 김씨가 주범이라는 결론을 뒷받침한다. 결백하다면 '윤씨가 임씨를 '숙소'에서 폭행하다가 사망에 이르게 했다'고 거짓말할 리가 없다. 현장에 같이 있던 자신도 의심을 받을 수밖에 없는 상황인데 결정적 폭행이 일어났던, 방콕에서 파타야로 이동하는 과정에 대해서는 전혀 언급하지 않은 것을 봐도 그렇다.

또 윤씨가 혼자 폭행했다면 현장에 함께 있어 핵심 증인이 되는 김씨를 남겨두고 혼자 달아난 것도, 나중에 김씨에게 연락해 함께 자수하자고 말한 것도 설명되지 않는다.

재판부는 사체유기도 유죄로 인정했다. 김씨는 "임씨의 사체를 옮기자는 윤씨의 제안을 거부했다"고 주장했지만, 재판부는 임씨가 사망한 사실을 알고도 사체를 차량 뒷좌석에 하루 이상 방치하고, 리조트는 풀빌라 형태라 해당 호실을 이용하는 손님과 종업원 말고는 주차된 차량을 쉽게 발견할 수 없다는 점에서 사체유기에 해당한다고 봤다.

그러나 2021년 2월 8일 김씨에게 내려진 1심의 선고는 징역 17년에 불과했다. 계획적이거나 확실한 고의로 저지른 범행은 아니라는 것이다. 재판부는 김씨가 2019년 12월 임씨를 감금하고 폭행한 혐의로 징역 4년 6개월의 확정판결을 받은 점도 고려했다고 밝혔다. 모두 합하면 징역 21년 6개월이다.

2023년 5월 18일 항소심도 1심과 같은 형량을 유지했다. 다만 재판부는 1심과 달리 사망 원인을 '머리 부위' 손상인 뇌부종으로 한정하지 않고 '신체 여러 부위'에 가해진 위력의 결과로 봤다. 김씨가 방콕에서 파타야로 이동하는 과정에서 목검 등으로 임씨의 '머리'를 때렸다는 부분도 피해자의 '가슴, 복부, 옆구리 등 신체 여러 부위'를 수십 회 때렸다고 고쳐 적었다. 사인 등이 일부 달라졌지만 형량을 변경할 만한 조건에는 변화가 없었다.

2023년 11월 9일 대법원은 김씨에게 징역 17년을 선고한 원심을 상고 기각으로 확정했다.

윤씨는 2021년 9월 태국 국왕의 사면을 받고 외국인 추방대기소에 있다가 2022년 4월 국내로 송환됐다. 2023년 3월 31일 1심 재판부는 살인 등 혐의로 기소된 윤씨에 대해 폭행에 가담해 임씨를 살해할 의도가 있었다고 보고 징역 14년을 선고했다.

재판부는 특히 "폭행 정도가 경미했고 임씨를 야구방망이로 폭행한 적도 없다"는 윤씨와 김씨의 달라진 주장을 받아들이지 않았다. 김씨에 대한 1심 재판에서 둘은 폭행에 실제로 사용하지 않았다면 공통적으로 지목하기 어려운 야구방망이와 전기충격기 등을 언급했다. 또 서로에게 임씨의 사망에 대한 책임을 미루는 상황에서 폭행 강도 등을 거짓말할 이유가 없다. 윤씨가 국내에 송환됐을 때 김씨가 지인을 통해 연락한 적이 있어 둘이 말을 맞췄을 가능성도 존재했다.

재판부는 '주범은 김씨'라는 기존 판단에도 불구하고 "윤씨도 살인죄의 죄책을 면제받을 수 없다"고 단언했다. 윤씨도 2015년 10월부터 김씨와 함께 또는 혼자서 임씨를 상습 폭행했고 파타야로 이동하는 과정에서도 피해자를 폭행했다. 수사기관에 김씨를 신고하거나 구호 조처를 강구하기는커녕 시체를 처리할 방안을 논의했다. 이를 종합하면 살해 의도가 있었다고 봐야 한다.

재판부는 양형에서 살해에 가담한 정도가 김씨보다는 낮고 행위가 우발적이었던 점을 참작했다. 윤씨가 자수했기 때문에 범행에 대한 수사와 시신 발견이 비교적 신속히 이뤄질 수 있었다는 점도 참작 사유가 됐다.

결국 범행이 잔혹했는데도 계획적이지 않았던 점이 둘의 형량이 징역 20년도 안 나온 이유였다. 재판부는 윤씨에게 징역 14년 판결이 확정되면 태국에서 복역한 4년 6개월은 옥살이에서 빼라고도 했다. 국내에서는 9년 6개월만 징역살이를 하면 된다는 것이다.

2023년 9월 21일 항소심 재판부는 윤씨에게 1심과 같이 징역 14년을 선고했다. 태국에서 이미 복역한 4년 6개월을 징역 기간에 포함하도록 한 1심 결정도 그대로 유지했다.

2013년 12월 21일 대법원은 윤씨에게 징역 14년을 선고한 원심을 확정했다. 이로써 사건이 일어난 지 8년여 만에 주범과 공범의 형이 확정되며 결론이 났다.

2015년 6월   임씨, 월 600만 원 받고 불법 도박사이트 통합관리시 스템 개발.

9월   임씨, 김씨 요구에 태국 방콕으로 이동.

9월부터 11월 중순까지   김씨와 윤씨, 임씨를 상습 폭행.

11월 19일   김씨와 윤씨, 파타야로 이동하는 도중 임씨를 잔혹 폭행.

11월 20일   임씨, 오전 6시에서 9시 사이 사망 추정(뇌부종 및 장기 손상 등). 김씨와 윤씨는 임씨를 방치한 채 마약.

11월 21일   김씨와 윤씨, 시신을 차량 뒷좌석에 방치한 채 도주. 김씨, 한국대사관에 윤씨 고발하고 베트남으로 출국. 윤씨, 파타야 경찰서에 자수.

2016년 10월   파타야 법원, 윤씨에게 징역 15년 선고.

2018년 4월 5일   김씨, 베트남에서 체포된 뒤 국내로 송환.

5월 3일   서울중앙지방검찰청, 공동감금 등 혐의로 김씨 기소.

10월 24일   검찰, 살인 및 사체유기 혐의로 김씨 추가 기소.

2019년 12월	대법원, 공동감금 등 혐의로 김씨에게 징역 4년 6개월 확정.
2021년 2월 8일	서울중앙지방법원, 살인죄 김씨에게 징역 17년 선고.
2022년 4월	검찰, 사면받고 국내로 송환된 윤씨 살인 및 사체유기 혐의로 기소.
2023년 3월 31일	서울중앙지방법원, 살인죄 윤씨에게 징역 14년 선고(태국 징역살이 4년 6개월 제외, 확정되면 9년 6개월 옥살이).
5월 18일	서울고등법원, 살인죄 김씨에 대해 1심과 같은 형량 유지.
9월 21일	서울고등법원, 살인죄 윤씨에 대해 1심과 같은 형량 유지.
11월 9일	대법원, 살인죄 김씨에게 징역 17년을 선고한 원심을 확정.
12월 21일	대법원, 살인죄 윤씨에게 징역 14년을 선고한 원심을 확정.

덜미,
사건플러스
직접증거 없는 사건들

2024년 4월 17일 1판 2쇄 발행
2023년 11월 2일 1판 1쇄 발행

지은이 한국일보 사회부
펴낸이 임후성
디자인 Sangsoo   편집 김삼수

펴낸곳 북콤마
등록 제406-2012-000090호
주소 (413-756) 경기도 파주시 문발동 파주출판단지 534-2 201호
전화 031-955-1650   팩스 0505-300-2750
이메일 bookcomma@naver.com
블로그 bookcomma.tistory.com

ISBN 979-11-87572-45-9   04300
     979-11-87572-14-5   (세트)

ⅠBOOKComma